Comment analyser les gens

Apprendre à découvrir sa personnalité et celle des autres avec la psychologie humaine pour construire des relations harmonieuses et pour une meilleure interaction sociale

De Ives Perrot

Table des matières

Introduction

Les qualités individuelles qui composent votre personnalité ouvrent la voie au développement de votre personnalité. Avec toutes ces différentes combinaisons, vous pouvez imaginer que chaque personne que vous rencontrez au quotidien a un ensemble de comportements unique. Décomposée en trois grandes catégories, une personnalité tourne autour de la façon dont vous pensez, ressentez et agissez. Alors, qu'est-ce qui fait une grande personnalité ? Beaucoup de gens s'accordent à dire que ceux qui ont des traits "favorables" tels que la gentillesse, la compassion et l'humour ont une grande personnalité. Mais c'est une question subjective. En fonction de votre propre personnalité, vous pouvez percevoir les autres différemment. Il y a beaucoup de psychologie autour de l'explication des personnalités et de la façon dont nous interagissons avec les autres. Que vous souhaitiez mieux vous comprendre ou savoir pourquoi vous avez du mal à vous entendre avec certaines personnes, le fait de pouvoir identifier différents types de personnalité va être un facteur utile dans toute interaction sociale que vous avez.

Il peut souvent être stressant de se sentir incapable de voir les choses du même œil que quelqu'un, surtout si cette personne est proche de vous. Les gens peuvent regarder la même situation et arriver à des conclusions très différentes. Il ne faut pas oublier que chaque personne aura une perspective unique.

Si vous avez l'impression de voir les choses d'une certaine façon et que quelqu'un d'autre vient contester votre point de vue, rappelez-vous que vous pourriez vraiment voir les choses différemment en raison de vos propres perspectives uniques. C'est pourquoi les types de personnalité peuvent être si fascinants. Vous pouvez aussi rencontrer quelqu'un qui semble être exactement sur la même longueur d'onde. Pensez à ceux dont vous êtes le plus proche dans votre vie actuelle ; ce lien existe probablement parce que vous avez des personnalités similaires ou agréables.

Le terme de personnalité vient du mot latin persona, qui désigne un masque de théâtre que les artistes porteraient pour changer d'identité. Ces modèles commencent à se développer à partir du moment où vous êtes né. Très tôt, votre environnement a beaucoup à voir avec la façon dont vous choisissez de vous comporter. Comme vous pouvez l'imaginer, un enfant qui grandit dans un foyer où les parents sont aimants aura probablement un type de personnalité différent de celui d'un enfant qui est négligé et laissé seul. En devenant plus impressionnables en grandissant, les enfants peuvent également développer des personnalités basées sur ceux avec qui ils passent le plus de temps. C'est pourquoi les parents/tuteurs et la famille jouent un rôle si important dans le développement de l'enfant. Il en va de même lorsque les enfants commencent à se faire des amis et à passer du temps avec leurs pairs.

Si une personnalité peut changer et se développer au fil du temps, il existe normalement un ensemble de comportements qui perdurent dès la petite enfance. À l'adolescence, il n'est pas rare que les enfants connaissent plusieurs changements de personnalité en cours de route, pour ensuite s'installer véritablement à l'âge adulte. C'est un aspect très normal de la croissance, et cela peut souvent faire ressortir des comportements non caractéristiques lorsque vous essayez de naviguer dans la vie à l'adolescence. Cette période peut être déroutante, surtout lorsque vous ne comprenez pas exactement pourquoi vous êtes comme vous êtes. Beaucoup de gens ne comprennent même pas complètement les types de personnalité à l'âge adulte, et c'est normal. Il s'agit d'un sujet complexe qui nécessite quelques recherches pour bien saisir le concept.

Identité

Beaucoup de gens conviendront que votre personnalité est ce qui fait votre identité. Votre identité est la façon dont les autres vous connaissent, dont ils vous voient. Bien qu'il soit important d'avoir votre propre opinion sur vous-même, la façon dont les autres vous perçoivent peut faire la différence dans vos sentiments. La façon dont vous vous identifiez est importante pour votre façon d'agir et de réagir. C'est une façon pour vous de vous sentir en sécurité dans ce que vous êtes, et c'est grâce à cette sécurité que vous pouvez renforcer votre confiance en vous. Plus vous serez capable de reconnaître ces schémas, plus il vous sera facile de comprendre pourquoi les gens se comportent comme ils le font.

Vous vous demandez peut-être pourquoi il est important d'apprendre cela, et vous constaterez qu'avec le temps, cela rend la vie plus facile lorsque vous avez ce sens de l'identité des gens et même de vous-même. Lorsque vous vous sentirez à l'aise avec ce concept, vous pourrez vous sentir plus passionné et plus sûr dans vos interactions. En retour, cela permettra d'établir des relations et des interactions significatives. On sait que c'est dans la nature humaine de vouloir ce type d'interactions, que l'on s'en rende compte ou non. Le fait de se sentir proche des autres peut avoir un impact très positif et réconfortant sur votre vie.

Dans le domaine de la psychologie, l'apprentissage des identités et des types de personnalité constitue en fait une grande branche d'étude. Cela nous montre à quel point la population humaine peut être diverse, même si elle a grandi dans des régions ou des circonstances similaires. Il y a tant de facteurs qui jouent dans votre personnalité, qu'il peut être assez intéressant de se pencher sur la façon dont les gens commencent à se former des identités. Certaines sont régies par la génétique, tandis que d'autres se développent en fonction d'influences situationnelles.

Intelligence émotionnelle

L'intelligence émotionnelle est la clé pour comprendre les types de personnalité. Ce n'est pas une compétence conventionnelle qui peut être acquise à l'école ou auprès d'autres personnes. C'est une chose qui doit être vécue pour être comprise. Votre niveau d'intelligence émotionnelle vous donne la capacité de vous comprendre vous-même et de comprendre les personnes qui vous entourent. C'est un moyen pour vous de prendre conscience de ce qui se passe autour de vous afin de percevoir le comportement qui se déroule. Comme indiqué, cela peut être un outil extrêmement utile, non seulement pour en savoir plus sur les autres mais aussi pour comprendre votre propre type de personnalité. Voici quelques moyens de travailler sur votre intelligence émotionnelle afin de pouvoir déchiffrer les différentes personnalités :

Donner et recevoir des retours

Une partie importante de la vie, être capable de gérer les réactions ou les critiques est un aspect essentiel pour agir d'une manière émotionnellement saine. Tout le monde ne sera pas d'accord avec tout ce que vous faites, et c'est normal. Vous aurez également des opinions divergentes sur certains comportements. Ce que nous trouvons acceptable ou "juste" ne sera pas toujours le même dans tous les cas. Avoir une bonne dose d'intelligence émotionnelle signifie que vous ne devriez pas avoir de problème à donner et à recevoir ce feedback, car vous le considérez comme un outil qui peut vous aider à grandir en tant que personne. Ceux qui sont sur la défensive ou en colère peuvent avoir un niveau d'intelligence émotionnelle plus faible. Plus vous êtes simplement capable d'entendre des opinions différentes sans devenir réactif, plus votre capacité à grandir émotionnellement sera renforcée.

Accepter le changement

Le changement peut être très difficile pour certaines personnes, ce qui conduit souvent à des comportements débilitants. Dans la vie, rien n'est jamais certain. Il y a trop de facteurs qui entraînent des résultats imprévisibles. L'intelligence émotionnelle devrait vous donner l'impression que vous êtes capable de gérer ce qui se présente à vous. Ceux qui sont résistants ou qui ne veulent pas changer auront généralement plus de mal à vivre à cause de cette inflexibilité. Grâce à l'intelligence émotionnelle acquise, il sera plus facile de s'habituer au changement.

S'habituer aux échecs

Dans le même ordre d'idées, il n'est pas rare de connaître des revers dans la vie. Quelle que soit votre réussite ou votre réussite, il ne serait pas sage de penser que vous êtes à l'abri d'un échec. C'est un aspect normal de la vie, qui nous permet de rester humble et de garder les pieds sur terre. Avec un sens aigu de l'intelligence émotionnelle, vous devriez être capable de tirer les leçons de vos échecs sans les laisser vous dépasser. Beaucoup de gens ne savent pas comment réagir lorsqu'ils sont confrontés à un échec. Souvent, ils s'emportent ou abandonnent tout simplement ce qu'ils font. Il n'est pas nécessaire que ce soit si noir et blanc ; un juste milieu peut être trouvé dans la plupart des situations.

Faire face aux relations difficiles

Peu importe que la relation soit platonique ou romantique, un excellent moyen de mesurer votre intelligence émotionnelle vient de la façon dont vous interagissez avec les autres. Toute relation peut s'avérer difficile, surtout si l'on tient compte des types de personnalité. Entrer en désaccord avec les personnes qui vous sont chères peut être éprouvant et difficile, mais vos actions seront le reflet de votre intelligence émotionnelle. En général, les personnes dotées d'une bonne intelligence émotionnelle n'ont aucun problème à communiquer et à aller au fond des choses. Le désir de résoudre les problèmes est une qualité essentielle, mais ce n'est pas le plus facile à apprendre..

Gérer les échéances

Le respect des délais est un autre domaine dans lequel l'intelligence émotionnelle doit être affinée, surtout au travail ou à l'école. Lorsque le stress s'ajoute à une équation, il peut être facile de s'effondrer sous la pression ou de rejeter la faute sur votre entourage. Grâce à l'intelligence émotionnelle, vous devriez être en mesure de surmonter ce stress afin d'atteindre vos objectifs. Il n'existe pas de soulagement du stress qui élimine immédiatement tous les facteurs de stress, mais il existe des techniques qui peuvent être apprises afin de gérer efficacement ce que vous vivez.

Travailler sur son intelligence émotionnelle est quelque chose que l'on peut faire au quotidien par des actions très simples. Par exemple, lors d'une rencontre avec une autre personne que vous percevez comme négative, réfléchissez à ce qui vous a fait ressentir cela. La plupart du temps, vous pouvez vous rendre compte que cela se résume à sa personnalité et à la façon dont elle se heurte à la vôtre. Vous n'avez pas besoin de vous entraîner à être automatiquement d'accord avec tous ceux qui vous entourent, mais vous pouvez apprendre à voir les choses sous un angle différent du vôtre. Demandez-vous pourquoi l'autre personne ressent la même chose que vous ; demandez-lui d'expliquer son point de vue. En faisant cela, vous donnez à l'autre personne une chance d'être entendue et comprise. Cette tactique est normalement bien plus efficace que de simplement faire taire l'autre personne et d'utiliser le conflit pour faire valoir votre point de vue.

Beaucoup de gens ne se rendent pas compte que l'on peut avoir une conversation saine sur des opinions divergentes. Cela ne signifie pas qu'un argument doit s'ensuivre ou qu'une connotation négative doit être utilisée. L'objectif doit plutôt être d'arriver à un point de compréhension mutuelle. Si la fin de la conversation aboutit toujours à des opinions différentes, prenez cela pour ce que ça vaut. Utilisez les informations pour vous développer et aller de l'avant. Un facteur important qui peut entraver l'intelligence émotionnelle est le besoin de faire changer d'avis les autres. Il y a beaucoup de choses que vous ne pourrez pas changer, mais tant que vous utiliserez votre intelligence émotionnelle pour étudier et traiter les informations, vous continuerez à grandir en tant que personne.

Soulagement du stress

Quel que soit votre type de personnalité, une vie sans stress va mettre en valeur toutes vos meilleures qualités. Lorsque vous êtes constamment sous tension, vos actions en seront le reflet. La façon dont vous vous traitez et dont vous traitez les autres est influencée par ce que vous ressentez à l'intérieur. Imaginez combien il est difficile d'être présent dans n'importe quelle situation lorsque vous êtes préoccupé par quelque chose d'autre au fond de votre esprit. Pour gérer le stress, il faut trouver des exutoires. La principale chose dont vous devez vous souvenir est que le soulagement du stress ne peut venir que d'un certain type de libération. Bien que vous puissiez créer des distractions sur le moment, à moins que vous ne travailliez activement sur les moyens de libérer le stress, celui-ci restera présent.

Personne n'est à l'abri de la sensation de stress. Quel que soit votre âge ou ce que vous faites au quotidien, il y a forcément quelque chose qui a la capacité de vous stresser. Être capable de gérer le stress fait partie intégrante de l'expérience humaine. Faire des choses comme prendre du temps pour soi ou s'asseoir avec ses pensées peut être bénéfique à votre situation de stress. Lorsque vous essayez de surmonter une situation difficile, il est sage de réfléchir aux conséquences de vos actes. Dans le feu de l'action, il se peut que vous ne puissiez pas réfléchir clairement à la manière dont vous allez la surmonter.

La façon dont vous gérez les choses sous pression en dit long sur votre personnalité. Tout comme votre niveau d'intelligence émotionnelle, vos réactions au stress peuvent aussi évoluer avec le temps. C'est une chose importante, car cela fait de vous une personne bien équilibrée. Si vous êtes capable de reconnaître vos traits de caractère et d'apprendre à les appliquer lorsque cela est approprié, vous comprendrez mieux comment vous accepter et accepter les autres. Tout a beaucoup plus de sens lorsque vous êtes capable de l'identifier.

Chapitre 1: Comprendre les différents type de personnalité

Si l'on considère le nombre de personnes que vous avez dans votre vie, vous pouvez probablement penser aux différences de comportements et de traits entre elles. Vous pouvez également tenir compte de votre propre personnalité et de vos propres traits de caractère. Tel qu'il est exprimé, c'est un outil utile pour pouvoir identifier et comprendre de nombreux types de personnalité différents. Non seulement cela vous aide à percevoir les choses clairement, mais cela vous donne aussi la possibilité de voir les choses sous d'autres angles. Vous trouverez ci-dessous quelques groupes de personnalités et les traits qui les accompagnent :

Sensation

Une personne qui appartient à ce groupe de personnalités sera souvent un individu pratique. Utiliser les sens signifie prendre des décisions basées sur des informations factuelles et fiables. Ce type d'individu est normalement très concentré sur le présent et est capable d'envisager les résultats des problèmes auxquels il est confronté. Parfois, une personne sensorielle ne se sentira pas en sécurité tant qu'il n'y aura pas de solution claire à une situation donnée. Être prêt à gérer les choses est un moyen pour ce type de personne de se sentir en confiance et en sécurité. Si elle est abordée par un type de personnalité très spontané, la personne sensorielle peut se sentir menacée ou ne pas se sentir en sécurité dans les actions qu'elle entreprend. La meilleure façon d'interagir avec une personne sensorielle est d'être honnête et concis dans la communication. Des signaux contradictoires ne feront probablement que donner à la personne le sentiment qu'elle ne peut pas vous faire confiance.

Intuition

Un individu qui se fie à son intuition va très probablement penser à l'avenir. Se faire une idée d'une situation en utilisant son instinct puis agir est une méthode de comportement courante pour le type intuitif. Pour une telle personne, il n'est pas nécessaire de disposer d'informations concrètes avant de prendre une décision. Le type intuitif est le mieux à même de recueillir des indices contextuels auprès d'autres personnes, des théories et des sentiments. Cette personne sera probablement en mesure de se sentir à l'aise en comprenant la situation en interne, puis en prenant le résultat comme il vient. Si un peu de mystère est en jeu, cela peut parfois être un aspect passionnant pour le type intuitif. Ces personnes sont normalement très créatives et ont une imagination active car elles aiment utiliser ces formes de pensée.

Pensée

Sans doute le plus rationnel des groupes de personnalités, le type de pensée fonctionne exactement comme on peut s'y attendre. La pensée rationnelle est la façon dont ce type d'individu se développe. Le fait d'être dépourvu de sentiments pour arriver à une conclusion est un comportement typique. Cela ne veut pas dire qu'un type de pensée ne peut pas être émotionnellement expressif, mais qu'il préfère ne pas l'être lorsqu'il s'agit de comprendre les choses. La logique est la façon dont un type de pensée s'épanouit. L'utilisation de la pensée logique pour formuler des méthodes est une chose que l'individu appréciera probablement beaucoup. Dans l'esprit d'un penseur, il y a toujours une solution logique qui peut être trouvée pour expliquer tout problème.

Sentiment

Un type de personnalité émotionnelle, un individu qui se sent bien est normalement très chaleureux et sympathique envers les autres. Être capable de regarder une situation et d'imaginer comment les autres sont touchés est une compétence que ceux qui ont de l'empathie sont capables d'accomplir. Le type de personnalité émotionnelle choisira de résoudre les problèmes en évaluant ce que l'on ressent dans une situation et en déterminant ensuite si elle est positive ou négative. Il est dans la nature des sentiments de vouloir soutenir les autres le mieux possible. Il peut être difficile de voir la chute des autres quand il est dans la nature des sentiments de voir le meilleur tout le temps. On peut imaginer que leurs traits de caractère peuvent être utiles mais aussi gênants.

Normalement, lors de la catégorisation, les gens s'identifient à un type de perception ou d'intuition et à un type de pensée ou de sentiment. Compte tenu de toutes ces différentes combinaisons, vous pouvez imaginer la diversité des personnes qui vous entourent. Lorsqu'il s'agit de votre propre personnalité, vous pouvez constater que vous vous identifiez d'abord d'une certaine manière pour vous rendre compte ensuite qu'elle évolue avec le temps. Il est intéressant de prendre en considération les parties de votre vie qui pourraient vous amener à modifier votre personnalité et votre comportement. Il est tout à fait possible et tout à fait normal que vous vous développiez en tant qu'individu.

Types de personnalité

Si vous avez maintenant une idée générale de certains types de personnalité, les catégories peuvent être encore plus détaillées. Personne ne va se contenter d'être dans un sens ou dans l'autre parce qu'il y a tellement d'autres facteurs qui entrent en jeu dans la composition d'une personnalité. Il existe plusieurs sous-catégories qui peuvent probablement être attribuées à chaque personne que vous avez actuellement dans votre vie, y compris vous-même. Voici les 16 types de personnalité les plus courants selon Myers-Briggs:

ISTJ (Introversion, Sensation, Pensée, Jugement)

Cette personnalité semble être un individu brillant et logique qui aime se concentrer sur des faits concrets lorsqu'il s'agit de faire le tri dans les situations. Elle est sérieuse et engagée dans ses relations et est capable de rester calme dans les situations de grand stress. En raison de leur aspect introverti, ces personnes sont normalement calmes, mais elles sont pleines d'informations précieuses. Être trop sociable peut souvent sembler épuisant. En raison de leur sens du détail, ils peuvent être incroyablement doués dans de nombreux domaines. Régi par la tête et non par le cœur, un ISTJ gravitera vers les faits plutôt que de protéger les sentiments des autres. Vous pouvez vous attendre à ce que cette personne soit très disciplinée, travailleuse et prête à tout.

INFJ (Introversion, Intuition, Sentiment, Jugement)

Doux et attentionné, cet individu est complexe et très intuitif. Parce que tout est possible pour un INFJ, la créativité sera à son apogée dans cette personnalité. En réfléchissant à chaque situation de manière authentique, l'individu peut avoir une intuition étonnante. Il aime éviter à tout prix de blesser les autres, et il peut même commencer involontairement à faire sien le stress. Cet individu est passionné par ses rêves et ses idées, et se montre toujours accessible. Il est courant pour un INFJ de se fier à son instinct pour faire le tri. De cette façon, l'individu essaiera de donner un sens à la vie et à ce qui lui est lancé. L'organisation et la création de méthodes est une chose que la personne aime vraiment faire.

INTJ (Introversion, Intuition, Pensée, Jugement)

Cette personne est confiante et très ambitieuse, elle utilise des idées audacieuses et des stratégies complexes pour naviguer dans la vie. Elle est super intelligente et tient la valeur de son intuition naturelle. Une personne comme elle réfléchira probablement toujours à la manière d'améliorer une situation ou à la façon d'améliorer quelque chose. Elle est résolument tournée vers l'avenir, et l'INTJ peut facilement avoir une vue d'ensemble. Ils fixent des normes très élevées pour eux-mêmes et pour leur vie, et semblent souvent légèrement détachés des autres. Ils accordent cependant de l'importance aux amitiés proches. La réflexion superficielle n'intéresse pas nécessairement un INTJ ; il préfère s'attaquer aux éléments plus complexes qui lui sont présentés.

ENFJ (Extraversion, Intuition, Sentiment, Jugement)

En tant que personne extrêmement généreuse, vous pouvez vous attendre à ce qu'une ENFJ se concentre sur d'autres personnes. C'est une personne charismatique qui parle franchement et qui a confiance en elle. Etre capable de se connecter avec les autres vient naturellement à une ENFJ ; elle s'appuie pour cela sur son intuition et ses sentiments. Cette personne est très influente et fiable dans toutes les situations. Associée à une nature chaleureuse et attentionnée, d'autres personnes graviteront autour de cette personne. Ils auront des difficultés à faire face à l'inconnu, préférant toujours avoir un plan gravé dans le marbre avant de procéder. Ils sont fermes dans ce qu'ils croient, excellents communicateurs. Parce qu'ils sont si bons avec les gens, vous pouvez aussi vous attendre à ce qu'ils soient très réceptifs à tous les autres et vraiment ouverts d'esprit.

ISTP (Introversion, Sensation, Pensée, Perception)

Individu mystérieux aux nombreuses qualités positives, l'ISTP fonctionne de manière très rationnelle et logique. Il est généralement très enthousiaste face à la vie et exprime souvent son optimisme. Croyant en l'équité et l'égalité, l'ISTP vit dans un espace de tête pratique et réaliste. Il est très facile à vivre avec d'autres personnes tout en restant confiant dans ses propres capacités. L'ISTP aimera prendre des risques, malgré la façon dont son cerveau logique se manifeste. Il s'agit d'un individu indépendant et déterminé qui observera les situations, uniquement pour stocker des connaissances pour plus tard si nécessaire. L'accent reste mis sur le présent plutôt que sur l'avenir.

ESFJ (Extraversion, Sensation, Sentiment, Jugement)

Cette personne est naturellement serviable, sociable et énergique. Elle a tendance à privilégier les valeurs traditionnelles, le statut social et l'apparence physique. Un ESFJ sautera sur l'occasion de devenir un modèle pour quelqu'un, bénéficiant de l'attention et du statut. En tant que gardien naturel, vous trouverez probablement cette personne qui assume un rôle de leader. Avec un désir sincère d'utiliser ses compétences au profit des autres, cette personne est la véritable définition d'un papillon social. En raison de sa confiance et de sa compassion, elle est très appréciée et admirée. Ils sont toujours prêts à écouter les autres et à donner des conseils qui découlent de pensées chaleureuses et sincères. Un ESFJ n'aime pas l'idée d'incertitudes ; il préfère prendre le contrôle d'une situation.

INFP (Introversion, Intuition, Sentiment, Perception)

Penseur profond lorsqu'il s'agit d'objectifs de vie, un INFP aimera essayer de trouver des significations plus profondes derrière ce qu'il cherche à atteindre. Par ses méthodes perfectionnistes, il aime se pousser à fond pour atteindre ses objectifs. Largement basé sur l'intuition, cet individu utilisera cette compétence non seulement dans la vie quotidienne mais aussi dans ses rapports avec les autres. Généralement réservés lorsqu'il s'agit d'exprimer leurs émotions, ils se soucient véritablement des autres et souhaitent mieux les comprendre. Normalement très souple et décontracté, l'INFP n'hésitera pas à prendre la défense d'une personne ou d'un sujet qui lui tient à cœur. Malgré leur nature introvertie, ils aiment être entourés d'autres personnes car ils sont très chaleureux et compatissants.

ESFP (Extraversion, Sensation, Sentiment, Perception)

Il est courant pour un ESFP de posséder de solides compétences interpersonnelles. Ils aiment être sous les feux des projecteurs et gardent un état d'esprit amusant et vivant dans toutes les situations. Cette personne sera très soucieuse du bien-être des autres, et elle le montrera en utilisant sa chaleur et sa gentillesse. Vivre dans le présent est un must pour un

ESFP. C'est une personne qui aime le théâtre et l'excitation de la vie quotidienne. Il a une capacité naturelle à comprendre le fonctionnement du monde, ce qui lui donne un sens de l'existence bien ancré. Pendant leur temps libre, ils aiment recevoir et héberger les autres dans leur maison. Vous verrez qu'un ESFP apprécie la vie et tout ce qui l'accompagne.

ENFP (Extraversion, Intuition, Sentiment, Perception)

C'est une personne chaleureuse, brillante et pleine de potentiel. Peu importe ce qu'un ENFP a en tête, il est probable qu'il y parviendra facilement grâce à son initiative. En raison des compétences qu'il possède, il est probable qu'il inspirera d'autres personnes en cours de route. Ils considèrent que le monde est plein de possibilités et qu'il est dans leur nature de s'en emparer. En s'entourant d'autres personnes, ils apprécient vraiment le processus d'apprentissage de la connaissance de quelqu'un. Même avec leur nature sociale, un ENFP ne tolérera pas d'être contrôlé ou dirigé par quelqu'un d'autre. Si on leur en donne la possibilité, ils assumeront le rôle de leader. Les tâches routinières sont généralement perçues comme ennuyeuses ; un ENFP aime les tâches de résolution de problèmes.

ESTP (Extraversion, Sensation, Pensée, Perception)

Cette personne se présentera comme un esprit enthousiaste et extraverti. Ce sont des personnes assez simples qui aiment prendre des risques dans la vie. Tout en vivant dans le présent, un ESTP s'appuiera probablement sur des faits avant d'explorer toute théorie. Ils aiment s'amuser et ils aiment être entourés d'autres personnes. Lorsqu'il s'agit de poursuivre quoi que ce soit, l'ESTP préfère voir des résultats instantanés plutôt que d'attendre le changement. Ils aiment le risque et l'aventure, ce qui les rend souvent téméraires. Même si leur nature est éphémère, ils ont une grande capacité à comprendre les autres et à comprendre d'autres motivations.

ESTJ (Extraversion, Sensation, Pensée, Jugement)

Cette personne sera probablement l'une des plus honnêtes et des plus dévouées que vous rencontrerez. La fierté de travailler dur est un trait commun que partagent les personnes de ce type. Leader né, l'ESTJ est organisé et aime prendre des initiatives. Si un problème difficile doit être résolu, vous pouvez parier qu'un ESTJ le prendra en charge et s'efforcera de le résoudre. Si certaines personnes apprécient le changement de temps en temps, ce type d'individu préfère quand les choses restent les mêmes ; il préfère s'en tenir à la même façon de vivre si celle-ci lui a bien réussi. Il s'agit d'une personne responsable qui préfère planifier avant d'agir ; un type ciblé.

ENTJ (Extraversion, Intuition, Pensée, Jugement)

Considérant les défis comme des obstacles qu'il peut volontiers surmonter, un ENTJ aime se donner beaucoup de mal. Ils aiment prendre les choses en main chaque fois que cela est possible et ils apprécient d'être placés à des postes de direction. Ils ont le don de prendre des décisions prudentes, mais rapides, dans le feu de l'action. Un ENTJ peut être absolument perfectionniste par moments. En raison de sa prudence et de son calcul, ses capacités de communication sont l'un de ses traits de caractère les plus forts. Il s'agit d'un individu confiant, doté d'un mode de pensée logique et qui préfère rester concentré uniquement sur la tâche à accomplir. Trop de distractions extérieures peuvent nuire au processus de réflexion.

INTP (Introvertion, intuition, Pensée, Perception)

Les théories sont le moteur de l'INTP ; ils aiment trouver de nouvelles idées qui font naître des processus de pensée originaux. Normalement, ce type d'organisation est très indépendant. Les modèles sont facilement reconnaissables par l'INTP, ce qui en fait de grands détectives lorsqu'il s'agit de déceler des divergences. La pire chose que vous pourriez faire à un INTP serait de mentir ; c'est probablement l'une des qualités les plus rebutantes pour lui. Parce qu'ils sont de tels penseurs, ils n'hésitent pas à partager des pensées qui ne sont pas encore complètement développées ou étudiées. C'est ce qui les aide à arriver à une conclusion.

ISFJ (Introversion, Sensation, Sentiment, Jugement)

Cet individu s'épanouit en redonnant aux autres, un type d'éducation. Il apprécie vraiment une réciprocité de gentillesse et de générosité. Ils ont également tendance à être assez sensibles à ce que ressentent les autres autours d'eux. Outre leur humanité, ils aiment travailler dur de manière méticuleuse. Ce trait de caractère frise souvent le perfectionnisme. En matière de responsabilité, ils aiment aller au-delà de ce qu'on leur demande. Ils n'ont pas besoin d'éloges ou d'attention, mais ils aiment simplement servir les autres. La structure et la sécurité sont importantes pour un ISFJ, car elles apportent une certaine stabilité fondamentale. Un moyen sûr de rendre un ISFJ mal à l'aise est de le mettre dans une situation qui implique un conflit ou une confrontation.

ENTP (Extraversion, Intuition, Pensée, Perception)

C'est l'un des types de personnalité les plus rares. Même si l'ENTP est naturellement extraverti, il n'est pas souhaitable qu'il parle beaucoup. Un ENTP préfère parler de grandes idées ou de valeurs. Ils aiment être mis au défi de plusieurs façons, et trouvent passionnant de pouvoir trouver des solutions. Ils peuvent être doux, affectueux et exprimer leurs émotions. Il leur est donc facile de créer des liens étroits avec leurs partenaires et leurs proches. La liberté est quelque chose d'important pour un ENTP, qui n'en profite pas lorsqu'il est contrôlé par d'autres. Vous trouverez souvent ce type de personne qui apporte de nouvelles idées et théories qui vous font penser.

ISFP (Introversion, Sensation, Sentiment, Perception)

Au début, l'ISFP a tendance à avoir du mal à se connecter et à établir des relations avec d'autres personnes. Comme ils ont tendance à être assez calmes et réservés, il leur faut un peu de temps pour s'habituer à vous. Cependant, une fois que vous avez franchi la barrière, ils sont gentils et doux et se soucient du bien-être des autres. Ces personnes sont très orientées vers un objectif et aiment proposer des idées originales. Elles sont prêtes à saisir l'occasion de faire de nouvelles expériences à tout moment. Les restrictions donnent à un ISFP le sentiment d'être pris au piège, aussi feront-ils de leur mieux pour les éviter. Même s'ils peuvent sembler incroyablement spontanés à l'extérieur, leur voix intérieure est toujours rationnelle.

Personnalité et perception

Les recherches ont montré que la façon dont nous percevons la réalité a beaucoup à voir avec le fonctionnement de notre cerveau. Votre personnalité va de pair avec votre processus de pensée, et on peut en dire autant de la façon dont vous percevez la personnalité des autres. Si vous vous percevez d'une certaine manière, d'autres personnes peuvent avoir des opinions différentes. La science qui entoure cette façon de penser est fascinante parce qu'elle est si diverse. Il n'y a pas d'éléments clés qui peuvent être reproduits afin de créer deux personnes exactement de la même manière. Même si les gens grandissent dans le même environnement et dans les mêmes circonstances, leur personnalité va probablement se développer différemment.

Le lien le plus solide entre le fait de voir les situations sous le même angle et de penser de la même manière réside dans la capacité à être conscient de soi. C'est quelque chose que beaucoup de types de personnalité différents peuvent partager, et c'est aussi quelque chose sur lequel on peut travailler. La conscience de soi est la capacité à comprendre pourquoi vous agissez comme vous le faites. Vous pouvez apprendre ce trait en comprenant parfaitement votre propre personnalité et en vous acceptant pour ce que vous êtes. Une fois que vous aurez compris votre propre personnalité, vous serez probablement en mesure de comprendre les autres également. C'est pourquoi il est important de connaître les différents types de personnalité pour grandir en tant que personne. Non seulement vous obtiendrez un aperçu précieux, mais vous deviendrez également plus conscient de vous-même à votre tour.

26

Chapitre 2 : Identifier votre type de personnalité

Pour savoir quel type de personnalité vous avez, il existe certaines façons de vous tester qui vous permettront de découvrir votre mode de fonctionnement. Réfléchissez aux affirmations suivantes et à la façon dont elles s'appliquent à vous. Cochez chacune des affirmations auxquelles vous vous identifiez:

1. Vous n'êtes presque jamais en retard

2. Vous aimez travailler dans un environnement en évolution rapide

3. Vous aimez avoir beaucoup de connaissances

4. Vous vous sentez impliqué lors des émissions de télévision

5. Vous êtes très réactif quand les choses se passent

6. Vous pensez que le monde est fondé sur la compassion

7. Vous croyez que tout dans le monde est relatif

8. Le respect des règles est susceptible d'entraver un bon résultat

9. Il est difficile de vous enthousiasmer

10. Lorsque vous prenez une décision, vous vous fiez d'abord à vos sentiments

11. Vous aimez penser à notre existence et à sa finalité

12. Vous pensez que les meilleures décisions peuvent changer la situation

13. Vous vous interrogez souvent sur la cause première des choses

14. Vous préférez agir immédiatement plutôt que de spéculer

15. Vous faites confiance à la raison plutôt qu'aux sentiments

16. Vous êtes inclus pour compter sur la spontanéité plutôt que sur la planification

17. Vous passez votre temps libre en compagnie d'autres personnes

18. Vous planifiez normalement les choses à l'avance

19. Vos actions sont influencées par vos émotions

20. Vous êtes un peu réservé et distant

21. Vous savez comment utiliser chaque minute de votre temps pour une bonne cause

22. Vous aimez contempler les complexités de la vie

23. Après une socialisation prolongée, vous ressentez le besoin d'être seul

24. Vous faites votre travail à la hâte

25. Vous voyez facilement le principe qui sous-tend les événements spécifiques

26. Vous exprimez souvent vos sentiments et vos émotions

27. Vous avez du mal à parler fort

28. On s'ennuie quand on lit des livres théoriques

29. Vous avez tendance à sympathiser avec les autres

30. Vous préférez la justice à la miséricorde

31. Vous aimez vous impliquer dans l'aspect social d'un nouvel emploi

32. Plus vous parlez à de nombreuses personnes, plus vous vous sentez bien

33. Vous aimez vous appuyer sur votre expérience plutôt que sur des alternatives théoriques

34. Vous n'avancez que lorsque vous avez un plan clair

35. Vous compatissez facilement aux préoccupations des autres

36.   Vous préférez lire un livre que d'aller à une fête

37.   Dans un groupe de personnes, vous aimez être le centre d'attention

38.   Vous avez plus de chances d'expérimenter que de suivre une approche familière

39.   Vous êtes fortement touché par les récits d'épreuves des autres

40.   Les délais sont simplement relatifs à vous

41.   Vous aimez vous isoler des bruits extérieurs

42.   Il est plus facile pour vous d'apprendre par une approche pratique que par un livre

43.   Vous pensez que presque tout peut être analysé

44.   Vous ne vous souciez pas des surprises

45.   Vous aimez mettre de l'ordre dans les choses

46.   Vous vous sentez à l'aise dans une foule

47.   Vous avez une excellente maîtrise de vos tentations

48.   Il est facile pour vous de comprendre les nouvelles théories

49.   Vous préférez être sur le côté plutôt qu'au centre d'une pièce

50. Pour la résolution des problèmes, vous préférez rechercher une approche familière

51. Vous avez soif d'aventure

52. Dans une situation, vous êtes plus attentif à ce qui est en cours qu'à un résultat potentiel

53. Pour résoudre les problèmes, vous considérez qu'une approche rationnelle est la meilleure

54. Vous avez du mal à parler de vos sentiments

55. Vos décisions sont basées sur vos sentiments du moment

56. Vous préférez passer votre temps libre dans un cadre tranquille

57. Vous vous sentez plus à l'aise pour vous en tenir aux méthodes conventionnelles

58. Vous êtes facilement influencé par des émotions fortes

59. Vous êtes toujours à la recherche d'opportunités

60. Les problèmes actuels vous préoccupent plus que les projets futurs

61. Il est facile pour vous de communiquer dans les milieux sociaux

62.   Vous aimez rarement vous écarter de vos habitudes

63.   Vous vous impliquez volontiers dans des affaires qui vous permettent de sympathiser

64.   Il est facile pour vous de percevoir comment les événements pourraient évoluer

Une fois que vous aurez réfléchi à vos réponses, vous pourrez trouver vos résultats à l'adresse www.humanmetrics.com/cgi-win/jtypes2.asp. Le test analyse vos résultats et vous place dans l'un des 16 types de personnalité différents. Lorsque vous connaîtrez votre mode de fonctionnement personnel, vous pourrez en apprendre beaucoup plus sur vous-même. Même ceux qui se connaissent bien trouvent un moyen de découvrir de quel type de personnalité ils relèvent.

Aimer et ne pas aimer

Nous avons tous une idée générale de ce que nous aimons et n'aimons pas. Il s'agit d'un vaste sujet, qui va des préférences personnelles aux activités auxquelles nous participons. En comprenant l'origine de ce que vous aimez et n'aimez pas, vous serez probablement en mesure de mieux comprendre votre processus décisionnel. Bien que cela puisse ne pas sembler important au début, vous vous rendrez compte que vous aurez beaucoup plus de patience avec vous-même lorsque vous comprendrez parfaitement d'où viennent vos pensées et vos idées. Il peut être difficile de s'accepter, en particulier les qualités que vous considérez comme des "défauts". Le fait de pouvoir considérer ces comportements comme des traits de caractère plutôt que comme des qualités négatives peut donner à votre estime de soi un coup de fouet bien nécessaire.

Quand vous avez confiance, cela se voit. De la façon dont vous vous présentez à la façon dont vous interagissez avec les autres, aller de l'avant avec confiance est quelque chose qui vous fait remarquer. Même si vous n'aimez pas être le centre d'attention, la plupart des gens souhaitent se sentir respectés. Même si vous grandissez dans la vie et que vous commencez à prendre des décisions qui concernent votre carrière, le fait de connaître vos goûts et vos aversions est un outil très utile. Vous pouvez fonder votre recherche d'emploi sur les choses que vous aimez vraiment faire. Si vous aimez ce que vous faites pour gagner votre vie, vous n'aurez pas l'impression de travailler.

En fonction de ce que vous aimez faire, vous pouvez également déterminer vos points forts et vos points faibles. Il s'agit clairement d'un élément d'information important à connaître avant de vous mettre dans certaines situations. En connaissant votre type de personnalité, vous serez en mesure de sélectionner les rôles que vous pensez pouvoir remplir en fonction de vos compétences. Bien entendu, toutes ces informations sur votre personnalité ne doivent pas vous limiter. Même si vous correspondez à un certain type, cela ne veut pas dire que vous n'évoluerez pas et ne vous épanouirez pas plus tard.

Introverti vs. Extraverti

Vous remarquerez que le fait d'être soit introverti soit extraverti constitue une composante importante de votre type de personnalité. Le concept est relativement simple : les introvertis se sentent régénérés après une période de solitude et les extravertis se sentent régénérés après des rencontres sociales. Tout comme beaucoup d'autres traits de personnalité, le fait d'être introverti ou extraverti peut souvent se situer sur une échelle. Ce n'est pas parce que vous grandissez en tant qu'enfant timide que vous deviendrez nécessairement un adulte tranquille. À mesure que les gens acquièrent de l'expérience, ils ont la capacité de changer et de développer de nouveaux traits de caractère.

Milieux sociaux

Les introvertis : On pense souvent à tort que les personnes qui s'identifient comme des introvertis ne jouissent pas de l'interaction sociale. Dans de nombreux cas, ces personnes aiment réellement la socialisation, mais elles peuvent ressentir le besoin d'en avoir moins que d'autres personnes. Par exemple, un introverti pourrait aimer être à une fête mais ne parlera qu'à ceux qu'il connaît bien. Rester à l'écart ou partir plus tôt serait également un trait introverti commun que l'on peut reconnaître. Pour un introverti, être entouré d'autres personnes est une expérience épuisante. Ce n'est pas qu'ils n'apprécient pas l'expérience, mais plutôt qu'ils ont besoin de temps pour s'en défaire après coup.

Extravertis : Les extravertis s'épanouissent en côtoyant d'autres personnes. Lorsqu'il en a l'occasion, un extraverti choisit une situation qui lui permet de se mêler aux autres et de leur parler. Même dans un cadre qui n'est pas aussi conventionnel qu'une réunion, un extraverti typique trouvera normalement facile de parler aux autres personnes du quartier. Lorsqu'une personne extravertie se sent déprimée ou mal à l'aise, l'interaction sociale est une chose à laquelle elle peut prendre part et qui lui permet de se sentir mieux. Parler à d'autres personnes est une façon de se ressourcer, d'élever l'esprit.

Communication

Les introvertis : Parler peut parfois provoquer une anxiété introvertie, même s'il s'agit d'une situation banale. Il existe une corrélation entre le fait de parler avec aisance et la confiance en soi. Il faut un certain courage pour communiquer avec les autres, et ce n'est généralement pas quelque chose qui vient naturellement à l'esprit d'un introverti. Bien que cela puisse s'apprendre, un jeune introverti peut se sentir mal à l'aise au début. En général, vous remarquerez probablement que cette personne parle moins fort et moins souvent. Le même minimalisme s'applique également au langage corporel ; un introverti ne sera pas aussi audacieux dans ses positions et ses mouvements.

Extravertis : Regarder un extraverti parler est généralement sans équivoque. Vous remarquerez un contact visuel direct et durable et une posture qui suggère la confiance. En plus d'apprécier les aspects verbaux de la communication, un extraverti aimera aussi déchiffrer toute la communication non verbale qui fait partie de la conversation. Ils maintiennent une forte présence sociale et sont souvent très mémorables. Lorsqu'on lui en donne l'occasion, un extraverti sera très probablement celui qui engage la conversation.

Prise de décision

Les introvertis : Lorsqu'il s'agit d'une situation de haute pression, un introverti s'appuiera probablement sur des informations préliminaires afin de prendre une décision. Évitant les décisions irréfléchies, un introverti aime utiliser une réflexion réfléchie dans son processus de réflexion. Il prendra lui-même la décision, sans généralement demander l'aide de son entourage. L'intuition est également une compétence largement utilisée par les introvertis ; être capable de s'arrêter et d'envisager la possibilité de n'importe quel résultat est un trait très utile à avoir.

Extravertis : Si vous avez besoin d'un appel rapide, vous pouvez vous tourner vers un extraverti pour avoir toujours une réponse. Quelle que soit la situation, un extraverti n'a généralement aucun problème à prendre une décision immédiatement. Contrairement à la façon dont d'autres personnes peuvent aborder la situation, un extraverti n'a rien contre les conseils lorsqu'il s'agit de prendre une décision. Il apprécie et valorise le fait d'entendre des conseils. Votre extraverti typique n'a aucun problème à prendre du recul pour entendre des paroles sages qui se rapportent à la question.

Environnement de travail

Les introvertis : Avoir un espace de travail calme permet à un introverti de rester concentré. Cet individu aimera que sa vie professionnelle soit ordonnée et structurée, sans laisser de place aux distractions qui pourraient survenir. On pense en fait que les introvertis réagissent plus fortement au bruit, provoquant ainsi plus de perturbations lorsqu'il est présent dans l'environnement. Lorsque les circonstances de travail ne sont pas à la hauteur, un introverti n'est pas susceptible d'en parler. Ils préfèrent aller de l'avant et faire de leur mieux avec ce qu'on leur donne.

Les extravertis : Un individu extraverti perçoit normalement la vie professionnelle de manière positive. Rien de ce qui se passe au travail ne se retrouve normalement dans la vie familiale d'une personne. Le fait de pouvoir garder les deux séparés est un grand trait de caractère. Lorsqu'il s'agit d'agir, ne cherchez pas plus loin. Dans le cas de n'importe quel type d'injustice, vous constaterez qu'un extraverti n'a aucun problème à demander de l'aide ou de l'autorité pour faire face à la situation. Un lieu de travail animé n'est pas un problème pour un extraverti. En fait, le bruit est en fait très stimulant pour le cerveau et peut l'aider lorsqu'il travaille.

Relations

Les introvertis : Comme pour tout autre type d'interaction sociale, un introverti aura également besoin d'un peu de temps seul dans la relation. Pour l'individu, c'est un temps sain qui doit absolument être pris. Il lui donne la chance de refaire le plein d'énergie et lui permet de s'engager pleinement avec son partenaire. Comme les introvertis sont doués pour les sentiments et les émotions, ils font des partenaires très attentionnés. Lorsqu'ils sont en couple avec une personne différente d'eux, les introvertis feront de leur mieux pour essayer de comprendre l'autre au mieux de leurs capacités.

Les extravertis : Dans une relation, l'extraverti donne la priorité au plaisir. Cela signifie sortir et chercher de nouvelles expériences tout en rencontrant des gens en cours de route. Un extraverti est un peu comme la vie de la fête, et il aime que son proche soit là pour tout. Exploiter les sentiments profonds peut être un défi pour un extraverti convaincu. Il faut parfois du temps ou des cajoleries pour que ce type d'expression se concrétise.

Chapitre 3 : Niveaux de sensibilité

Le sujet de la sensibilité est souvent un sujet qui s'accompagne de quelques connotations négatives. Les personnes qui correspondent à la description peuvent parfois avoir le sentiment d'être inadéquates ou faibles en raison de ce trait accentué. Être sensible ne signifie pas simplement qu'une personne est mal équipée pour faire face à certaines situations. Cela indique plutôt qu'une personne traite les choses à un niveau différent de ce qui est considéré comme moyen. Ce n'est pas une mauvaise chose d'être sensible ; cela signifie simplement que vous devrez probablement garder à l'esprit que vous allez ressentir les choses plus fortement que la plupart des gens. Il y a certainement des façons d'être sensible mais aussi sain dans la façon dont vous naviguez dans la vie.

Sensibilité personnelle

La façon dont vous vous percevez est un aspect très important de votre personnalité. Si vous aimez ce que vous êtes en tant que personne, il est logique que vous vous sentiez plus heureux et plus confiant. Le fait d'être sensible ajoute quelques défis à cette perception de soi. Vous aurez peut-être plus de mal à lâcher prise, qu'elles soient positives ou négatives. Un type sensible choisit normalement de s'attarder avant d'aller de l'avant. Si vous vous êtes déjà retrouvé à penser à quelque chose qui a déjà été résolu, cela peut être une indication de votre sensibilité. Il n'est pas rare non plus qu'un type sensible ressente des malaises physiques qui accompagnent ses pensées. Par exemple, une personne sensible peut avoir la capacité de s'inquiéter au point de tomber physiquement malade.

L'anxiété est un phénomène qui peut se développer assez facilement chez les personnes sensibles, c'est pourquoi il est important de bien comprendre le sujet. Même si vous avez le sentiment de ne pas être une personne sensible, il est probable que quelqu'un dans votre vie le soit. La douceur est la clé pour éviter ces pensées angoissantes. Même dans les situations de forte pression, si vous maintenez un certain niveau de gentillesse, il est moins probable que les pensées se transforment en soucis. Bien que le stress ne puisse pas être entièrement évité, la façon dont vous le gérez peut être adaptée.

Le besoin de se punir est également un trait qui accompagne le fait d'être une personne sensible. Vous pourriez vous en vouloir pour vos défauts. Ce qui est intéressant, c'est que si une autre personne se trouvait dans votre situation, vous ne ressentiriez pas la même chose. Être sensible, c'est se sentir inadapté à ses propres choix et comportements. Vous ne jugeriez jamais une autre personne pour être arrivée à la même conclusion de la même manière. C'est une chose importante à retenir si vous avez le sentiment d'être quelqu'un de trop dur envers vous-même : traiteriez-vous votre proche de la même manière que vous vous traitez actuellement ?

La comparaison est une chose qui peut vous donner l'impression que vous n'êtes pas assez bon. Si vous constatez que vous vous comparez aux autres et que vous n'avez pas d'attentes réalistes, vous risquez de vous exposer à l'échec. Une personne sensible ne sera pas nécessairement en mesure de reconnaître que ces attentes ne sont pas réalisables. Il est très important de voir cette perspective et de l'ouvrir. Il est normal de se mettre au défi d'être meilleur, mais il est également important de se rappeler que vous ne serez jamais la copie conforme de quelqu'un d'autre.

Sensibilité avec les autres

Avez-vous déjà été inquiet de ce que les gens pensent de vous lorsque vous entrez dans une pièce ? C'est un sentiment normal pour quelqu'un qui opère sur une échelle de sensibilité élevée. Les pensées qui peuvent se transformer en inquiétudes sur la façon dont vous êtes perçu sont courantes pour un type sensible. Même si la situation ne vous concerne pas, vous pourriez constater que vous prenez les choses beaucoup plus personnellement qu'elles ne le sont en réalité. S'il est bon d'être conscient de la façon dont vous agissez et vous présentez, vous ne devez pas laisser la peur de ne pas être accepté vous empêcher de vivre certaines expériences. Ce type de comportement a un impact direct sur votre niveau de confiance.

Lors d'une confrontation, une personne sensible a généralement du mal à lâcher prise. Même si l'altercation se termine sur une note mutuellement positive, tout l'événement a tendance à s'attarder à l'arrière du cerveau. Il y a également certaines choses qu'un type sensible trouverait déclenchantes et que la personne moyenne ne trouverait pas. C'est un autre cas où vous devez être gentil et doux avec vous-même afin d'éviter de vous rendre malade d'inquiétude. Vous devez vous enseigner qu'une différence d'opinion ne doit pas automatiquement se traduire par un match de cris.

Accepter la critique (constructive ou autre) est un sujet difficile, quelle que soit l'occasion. Ce type de retour d'information nous aide à grandir en tant qu'individus, mais les personnes sensibles ont plus de mal à accepter ce type d'interaction. Pour certains, cela peut être perçu comme une insulte aux capacités plutôt qu'un conseil utile. Ce type de critique peut également frapper durement lorsque la personne sensible est en relation. Comme vous pouvez l'imaginer, cela peut entraver considérablement les interactions romantiques en raison de l'insécurité qui en découle.

Les situations de groupe peuvent être difficiles pour une personne sensible. Faire partie d'un groupe est une chose courante, du travail à la vie sociale. En raison de la sensibilité accrue, l'individu peut se sentir comme un paria même si rien ne semble aller de travers. Cette idée fausse de ne pas être accepté par les autres peut être une entrave importante dans la vie quotidienne. En raison de la peur, l'individu peut se comporter d'une manière qui ne lui ressemble pas. Cela peut être gênant et inconfortable pour toutes les personnes concernées. Par ailleurs, cela peut pousser quelqu'un à éviter de participer à certaines activités par crainte de devoir faire face à ces jugements imaginaires.

Sensibilité avec l'environnement

La sensibilité peut rendre les situations quotidiennes bien pires qu'elles ne le sont en réalité. Par exemple, les espaces encombrés peuvent souvent sembler insupportables à quelqu'un qui opère avec une plus grande sensibilité. Ce type de surstimulation se produit lorsqu'il y a beaucoup à entendre, à voir et à sentir en même temps. Même des choses comme des lumières trop fortes et des odeurs trop fortes peuvent déclencher quelque chose d'inconfortable chez une personne sensible. Il n'y a vraiment rien à faire pour éviter ces situations, car elles sont susceptibles de se produire quotidiennement. La meilleure façon de surmonter ce sentiment est d'apprendre des techniques de relaxation qui vous obligent à vous concentrer sur une seule chose à la fois.

Les personnes sensibles à l'environnement sont également très réactives lorsqu'il s'agit de questions publiques. Par exemple, cette personne peut se sentir incroyablement angoissée en apprenant une mauvaise nouvelle à la télévision, même si elle ne s'applique pas personnellement. La négativité n'est pas quelque chose qui est pris à la légère, et elle est très déclenchante. À plus petite échelle, une personne peut également se sentir bouleversée lorsqu'elle navigue dans les médias sociaux. Le fait de voir des messages négatifs de la part de son entourage peut parfois créer des sentiments de négativité dans la vie d'une personne par association. C'est le type de personne qui n'apprécie rien qu'on pourrait qualifier de "choquant" ou "épouvantable".

Tout cela peut sembler préjudiciable à la personne qui en fait l'expérience, mais c'est une chose à laquelle l'individu s'habitue et qu'il s'efforce de surmonter ou de supprimer. On peut imaginer que cela peut provoquer un stress invisible chez une personne. Rester heureux tout en étant un individu sensible est une question d'équilibre. Il est normal de se soucier de ce qui se passe autour de soi, mais seulement dans une mesure qui est saine. Laisser les problèmes des autres prendre le dessus sur votre propre vie ne vous profitera pas, ni à vous ni à l'autre personne, d'aucune manière. Il peut être difficile de s'en souvenir quand c'est votre premier instinct de vouloir aider les autres.

Les avantages d'être sensible

Si beaucoup ont tendance à se concentrer sur les défis auxquels les personnes sensibles seront confrontées, les avantages sont vraiment nombreux. Voici quelques éléments que vous pouvez choisir de retenir si vous constatez que vous-même ou quelqu'un qui vous est cher appartient à la catégorie sensible des traits de personnalité :

- La simplicité a de la valeur : Pour un type très sensible, les interactions simples signifient beaucoup plus que ce que l'on pourrait croire. Cette personne va se sentir heureuse avec des conversations authentiques et des expériences enrichissantes. Il n'est pas nécessaire de se mettre en avant lorsque vous êtes en présence d'un type sensible. Non seulement elle sera capable de voir clair, mais elle ne trouvera pas non plus l'interaction aussi authentique. La prise en charge de soi est également très bénéfique et facile à obtenir pour un type sensible. Si vous êtes sensible, le fait de vous adonner à une activité que vous aimez ou même à votre repas préféré peut transformer toute votre journée.

- Les connexions sont importantes : lors du traitement des informations, les personnes les plus sensibles ont tendance à voir des détails qui pourraient être négligés. Ce souci du détail peut devenir une compétence précieuse, qui permet souvent de voir les mêmes situations sous un angle totalement nouveau. Si vous vous accrochez à chaque petit détail, cela peut jouer en votre faveur. Établir des liens lorsque l'on vous donne des informations est une compétence essentielle. La plupart des gens doivent apprendre à le faire, mais certains types de personnes sensibles l'ont tout simplement en eux naturellement.

- Le bonheur est accessible : Pouvoir apprécier les petites choses de la vie ouvre la voie au bonheur. Pour les personnes sensibles, le fait de remarquer ces choses est un trait de comportement essentiel. Lorsque vous êtes capable de trouver la joie dans de petites nuances, il est plus facile de rester heureux plus longtemps. Ceux qui sont sensibles apprécient cette qualité chez eux, exprimant qu'ils n'ont pas besoin de beaucoup de choses matérielles pour atteindre ce niveau de bonheur. Ce peut être un sentiment très positif qui vous accompagne tout au long de vos journées.

- Le toucher physique est intense : Tout comme les émotions sont exacerbées chez un individu sensible, le toucher physique l'est aussi. Cela ne s'applique pas seulement au toucher d'autres personnes. La sensation peut se produire lorsqu'on est drapé dans une couverture douce ou qu'on met les orteils dans le sable. Sentir votre sens du toucher de cette manière peut être accablant si vous n'y êtes pas habitué. Avec le temps, vous apprendrez à apprécier cette partie de vous-même, en réalisant que peu de gens sont capables de ressentir ce que vous ressentez.

- Il est facile de juger le caractère : L'énergie est présente chaque fois que vous interagissez avec une autre personne. Ceux qui sont en phase avec cette énergie peuvent avoir une idée de la façon dont se déroule l'interaction et des intentions. Naturellement, être sensible signifie avoir une façon de faire avec cette compétence humaine unique. Les personnes sensibles sont normalement très douées pour distinguer le bon grain de l'ivraie. C'est un trait extrêmement bénéfique, sachant qu'il peut vous aider à ne pas être exploité ou menti. Bien que vous ne soyez pas capable de lire dans les pensées, être capable de lire dans l'énergie est un atout supplémentaire.

- Le corps est sensible aux substances : Lorsque vous buvez du café le matin, il est censé stimuler votre système afin de vous permettre de continuer à vivre tout au long de la journée. Une personne sensible n'aura probablement pas besoin d'autant de caféine pour obtenir cette sensation. Il en va de même pour d'autres substances comme l'alcool, le sucre et les médicaments. Si vous êtes une personne sensible, il est important de faire attention au dosage lorsque vous prenez l'une des substances ci-dessus. Comme votre corps et votre esprit ressentent les choses plus intensément, vous aurez probablement besoin de moins de caféine que la moyenne des gens.

- L'importance de l'ambiance : Avez-vous déjà été quelque part avec des personnes qui vous sont chères, pour finir par vous sentir mal à l'aise ? La raison en est probablement l'atmosphère défavorable. Pour les personnes sensibles, cela peut être un véritable facteur de rupture. Il est essentiel d'être entouré non seulement des bonnes personnes mais aussi de la bonne énergie pour être à l'aise. Les personnes sensibles apprécient vraiment de passer un bon moment, qui soit naturel et authentique. Souvent, les distractions et les bavardages vous privent de cette expérience. Il ne faut pas grand-chose pour plaire à une personne sensible, tant que la situation est authentique.

Comment accepter et comprendre la sensibilité

Quelle que soit la partie de votre personnalité que vous êtes, il vous faudra un certain travail pour vous accepter pleinement. En vous renseignant sur la sensibilité, vous constaterez peut-être que vous entrez parfaitement dans cette catégorie. Il n'y a pas de moyen précis de simplement accepter qui vous êtes du jour au lendemain ; il faut beaucoup d'amour-propre et d'attention à soi-même. N'ayez pas peur de passer un peu de temps seul, à faire des choses qui vous plaisent vraiment. Il est beaucoup plus facile de s'accepter quand on est d'humeur à le faire. En optant pour des activités qui font ressortir le meilleur de votre personnalité, vous serez naturellement plus heureux et plus détendu. Essayez de tenir un journal. Vous ne savez peut-être pas quoi dire au début, mais si vous essayez simplement de mettre votre stylo sur le papier, vous pourriez être surpris de voir les pensées qui vous viennent à l'esprit. Faites de votre mieux pour ne pas "censurer" votre personnalité ou ce que vous êtes.

Si vous vous rendez compte que vous connaissez des personnes sensibles, les mêmes principes généraux s'appliquent. Parlez ouvertement avec vos proches sensibles et soutenez-les en leur offrant une oreille attentive lorsque cela est nécessaire. N'oubliez pas que les personnes plus sensibles apprécient vraiment une véritable interaction. Il suffit de peu de choses pour avoir un impact positif. Si jamais vous vous trouvez dans une situation où vous remarquez que l'autre personne se sent mal à l'aise, faites de votre mieux pour créer une meilleure atmosphère. Même si vous ne pouvez pas faire grand-chose de l'extérieur, vos efforts peuvent faire toute la différence.

Chapitre 4: Les différents types de tempérament

Lorsque vous décrivez votre tempérament, il est plus facile de l'expliquer comme le facteur central qui détermine votre comportement. C'est quelque chose qui vous accompagne dès votre naissance, et il est peu probable qu'il change de manière très radicale avec le temps. Bien qu'il puisse fluctuer en fonction des circonstances, votre tempérament est normalement une partie permanente de votre personnalité. C'est une très grande partie de tout ce qui constitue votre personnalité. Le tempérament d'une personne se compose de plusieurs éléments. Par exemple, une personne peut être introvertie, renfermée et très réactive - ce sera probablement un tempérament plus difficile. À l'autre extrémité du spectre, on peut être adaptable, facile à vivre et calme. Les possibilités sont infinies, et les résultats peuvent être suivis psychologiquement.

Dans l'enfance, il est normalement très facile de comprendre le tempérament ; soit vous avez un bébé difficile, soit vous n'en avez pas. Ce n'est pas tout à fait noir ou blanc, mais c'est beaucoup plus simple chez les jeunes. Faire attention aux habitudes de pleurs d'un nourrisson est l'un des moyens les plus simples de surveiller son tempérament. Le bébé pleure-t-il toute la nuit ? Est-il difficile pour vous de le faire cesser de pleurer ? Que la réponse soit oui ou non, il n'existe pas de tempérament parfait. Comme pour tout autre trait de personnalité, il existe des avantages qui peuvent être trouvés quoi qu'il arrive.

Outre les pleurs, vous pouvez surveiller la fréquence à laquelle un bébé sourit lorsque vous essayez de déterminer son tempérament. Est-il facile ou difficile de faire sourire le bébé ? À en juger par ces modèles, vous devriez être en mesure de prédire sans trop de difficultés le futur tempérament. Bien sûr, votre objectif principal avec les bébés est de les faire sourire autant que possible. Un environnement sain et aimant va attribuer beaucoup à l'avenir de leur tempérament. Les choses restent assez faciles lorsque les bébés sont capables de rester dans un environnement contrôlé.

Tempérament à travers l'enfance

Les gènes jouent un rôle énorme dans le tempérament d'un enfant. Si la famille est connue pour ses bébés heureux qui ne pleurent presque jamais, vous pouvez vous attendre à ce que ce schéma se poursuive. Bien sûr, toutes les familles n'ont pas cette chance. Ce n'est pas un aspect négatif, car les perspectives peuvent être très importantes. Lorsqu'un enfant grandit, même s'il a un tempérament difficile, son comportement peut être freiné par un renforcement positif. Cela signifie qu'il faut montrer à l'enfant autant d'amour que possible et introduire un environnement stable dès le plus jeune âge. Il est important de maintenir cette constance lorsqu'il s'agit d'influencer le tempérament. Si l'environnement est en constante évolution, il est peu probable que cela fasse une différence au niveau du tempérament.

Outre les besoins environnementaux, l'éducation des enfants joue également un rôle majeur. Le ou les parents doivent être capables de créer une distraction dans les moments de détresse. Tout type de technique parentale qui semble se concentrer sur ce qui est pénible peut être traumatisant à long terme. Il est également très important d'être présent. Un enfant ne saura pas comment exprimer ses émotions si vous ne lui montrez pas l'exemple. Permettez à l'enfant de s'exprimer de façon saine, en lui montrant qu'il est normal de ressentir des émotions de différentes façons.

Le stress va finir par faire partie de la vie de chacun. Il est inévitable, mais chaque fois que cela est possible, le fait de tenir un enfant à l'écart de ce qui pourrait devenir stressant aidera considérablement son tempérament. Il ne faut pas laisser un enfant se préoccuper de choses qu'il ne peut pas changer. Si vous êtes parent, faites de votre mieux pour créer un doux tampon entre votre enfant et les éventuels facteurs de stress. Cela ne veut pas dire que vous devez prétendre que tout va toujours bien - les choses arrivent. C'est normal. Créez une approche réaliste que vous pouvez respecter devant votre enfant.

Comment réduire le tempérament

Lorsqu'il s'agit de faire un grand changement, il faut chercher à faire des pas plus petits. Qu'il s'agisse de freiner le comportement d'un enfant ou de changer de vie à l'âge adulte, la cause première du tempérament doit toujours être prise en considération. Si vous cherchez à faire un changement pour vous-même, réfléchissez à toutes les raisons qui vous poussent à le faire. Reconnaissez qu'il y a des parties de vous-même qui ont besoin d'être améliorées, des parties sur lesquelles vous aimeriez travailler. Sachez que vous êtes toujours une personne entière et fonctionnelle, même si vous n'aimez pas ces choses en vous-même. Il n'est jamais trop tard pour faire un changement, tant que vous êtes prêt à faire le travail qui va avec.

Pour commencer, faites une liste de quelques objectifs que vous aimeriez atteindre. Peut-être aimeriez-vous travailler sur vos compétences en matière de gestion de la colère. Si vous avez souvent des accès de colère incontrôlables, trouvez des moyens de vous calmer avant d'en arriver là. Peut-être aimeriez-vous devenir moins réactif face à des situations qui ne vous touchent pas directement. Si vous êtes une personne sensible, cela peut être incroyablement difficile. Lâcher prise est l'une des étapes les plus difficiles pour aller de l'avant dans la vie. Réfléchissez à des moyens de gérer toutes les émotions que vous ressentez dans chaque situation. Peu importe ce que vous devez travailler pour améliorer votre tempérament, il y a toujours une solution possible.

Que faites-vous si vous remarquez que quelqu'un dans votre vie pourrait avoir besoin d'aide pour améliorer son propre tempérament ? Vous devez commencer par vous rendre compte que personne ne changera à moins que le changement ne vienne de son plein gré. Quelle que soit l'importance que vous accordez à vos conseils, personne n'est vraiment obligé de les suivre s'il ne se sent pas concerné. La meilleure chose que vous puissiez faire pour les autres est de donner un bon exemple de comportement. Si vous remarquez que votre ami a du mal à faire des commérages sur les autres, essayez de changer de sujet de conversation pour quelque chose de plus positif et de plus satisfaisant. De petits pas comme celui-ci peuvent faire une grande différence dans la vie des autres.

Type de tempérament les plus courants

Il existe 4 types de tempéraments primaires qui ont été identifiés par les professionnels. Ces études ont été réalisées en se basant sur la façon dont le cerveau traite l'information. Bien que les différents types soient des directives comportementales générales, un individu peut avoir quelques combinaisons qui constituent la totalité de sa personnalité.

Sanguin

Le plus commun de tous les types, c'est un tempérament orienté vers les gens. Cet individu ne devrait avoir aucun problème pour parler et interagir avec les autres. Ce type de tempérament, que l'on retrouve aussi bien chez les hommes que chez les femmes, est l'incarnation de l'extraverti et du sociable. Ils aiment aider les autres et apprécient la possibilité d'assumer des rôles de direction.

Ils ont la capacité d'exprimer un large éventail d'émotions. Si un changement est nécessaire dans leur propre environnement personnel, un type de Sanguin devrait être parfaitement capable d'effectuer ce changement. C'est une personne qui a la capacité d'être enjouée et même impulsive. Vous constaterez qu'elle est facilement amusée et capable de divertir son entourage.

Lorsque vous êtes en contact avec une personne qui a un tempérament de type Sanguin, vous pouvez avoir l'impression de la connaître depuis très longtemps, même si vous ne faites que la rencontrer, Elle a une capacité étonnante à établir des relations solides avec les autres. Vous vous sentirez probablement à l'aise de lui parler par défaut. Comme cette personne n'a pas ou peu de filtre, ses actions peuvent entraîner un désarroi. Il doit s'efforcer de rester concentré à tout moment.

S'il y a un type de compétition, un type de Sanguin voudra gagner. Peu importe que ce soit dans le sport, la politique ou les affaires, cet individu se fera un devoir de se faire remarquer. En plus de ses aptitudes sociales, cette personne a normalement une grande confiance en elle.

Phlegmatique

C'est aussi un tempérament commun, c'est presque l'opposé du Sanguin. Bien que les deux soient très différents, il est toujours possible pour une personne d'avoir l'un comme primaire et l'autre comme secondaire. Il s'agit d'un individu qui choisit d'être orienté vers le service. Même s'ils sont introvertis, ils aiment toujours travailler ensemble ou pour d'autres afin d'atteindre un objectif commun. Dans les groupes, ils ont tendance à être passifs, ce qui permet aux autres de prendre les devants. Ils peuvent être de grands adeptes.

C'est une personne connue pour être super calme dans toutes les situations ; vous ne trouverez pas un type flegmatique agissant sous le coup de l'émotion. Cette qualité de calme sera utile plusieurs fois dans la vie d'une personne. Bien qu'elle soit parfois indécise, elle n'a normalement aucun problème à ce que quelqu'un d'autre intervienne pour lui donner des conseils ou même prendre des décisions en son nom.

En ce qui concerne les autres personnes, il faut parfois un peu de temps au flegmatique pour s'habituer à vous. Une fois cette barrière franchie, ils peuvent facilement se faire de nouveaux amis et nouer des relations. C'est de loin l'un des tempéraments les plus faciles, qui s'enracine dans l'acte de patience. Ils n'aiment pas le changement et resteront probablement très longtemps dans la même routine.

La vie quotidienne est normalement centrée sur la vie familiale et la vie au foyer. Ils préfèrent passer leur temps libre à la maison avec ceux qui comptent le plus. Peu importe ce qui se passe dans la vie de leur proche, un flegmatique restera fidèle. C'est l'un de leurs traits les plus forts. Lorsque quelque chose tourne mal dans une relation et que la confiance est rompue, vous ne trouverez probablement pas la personne qui y reviendra.

Mélancolie

En entendant ce mot, vous pourriez vous souvenir d'une personne qui se sent constamment déprimée. En termes de tempérament, un type mélancolique est en fait quelqu'un qui préfère agir avec prudence. Cette personne est extrêmement soucieuse des détails et a tendance à être très observatrice. Son principal objectif dans la vie est de trouver ce qui est "juste" et il peut parfois être perfectionniste à ce sujet.

De bout en bout, un individu mélancolique est un suiveur. Il croit que les règles existent pour une raison et qu'elles ne sont pas censées être pliées ou enfreintes. Dans les situations inhabituelles, vous pouvez vous attendre à ce qu'un individu mélancolique soit prudent. Lorsque quelque chose devient vraiment défavorable, vous pouvez voir leur mécanisme de défense d'agression entrer en jeu. Ces individus sont très discrets et agissent de manière extrêmement introvertie.

Ils sont régis par la logique, analysant souvent une situation en profondeur avant d'agir. Afin de tenir l'anxiété à distance, le type mélancolique doit avoir un plan solide pour tout ce qu'il fait. Ils se sentent à l'aise lorsqu'il y a des étapes claires à suivre. En ce qui concerne son anxiété, une personne mélancolique s'inquiète de ce que pensent les autres. Elle exprime également sa culpabilité à un niveau élevé si jamais elle n'est pas sûre de ses propres actions.

Une personne mélancolique n'est jamais en retard à un rendez-vous et a tendance à garder les choses extrêmement organisées. Elle pose souvent des questions très précises afin d'obtenir suffisamment d'informations pour se sentir à l'aise. Lorsqu'il s'agit de faire confiance à d'autres personnes, vous devrez travailler dur pour être approuvé par une personne au tempérament mélancolique. Ils ont généralement tendance à se méfier des autres jusqu'à preuve du contraire. C'est pourquoi il peut être plus difficile pour eux de nouer des relations durables. Lorsqu'une relation se forme, ils vont la maintenir à un niveau très élevé.

Colérique

Ce tempérament est le plus rare des 4. Plus précisément, les femelles ayant ce type comme primaire sont incroyablement rares à trouver. Le type Cholérique est généralement considéré comme un tempérament secondaire. Cet individu est orienté vers les résultats et cherche à atteindre de nombreux objectifs dans la vie de tous les jours. Poussé vers le succès, vous trouverez probablement un type Cholérique dans un état d'esprit positif avec le désir d'aller continuellement de l'avant. Face à tout type d'opposition, il la confronte de front afin de maintenir les résultats souhaités.

Un Cholérique paraîtra très extraverti et sûr de lui. Lorsqu'on lui donne le choix, il préfère faire les choses par lui-même. Ce trait d'indépendance fait de lui une personne très volontaire. Lorsqu'il communique, il préfère être très direct avec ses intentions. Il n'est pas question de tourner autour du pot pour une personne colérique ; elle pense exactement ce qu'elle dit. Certaines personnes peuvent en conclure que l'individu est un peu grossier en raison de son caractère direct.

En ce qui concerne les relations, un Cholérique peut avoir tendance à être un peu autoritaire. Comme ils sont farouchement indépendants, il peut y avoir un peu de double standard en amour. Cette personne va faire exactement ce qu'elle veut, quoi qu'il arrive. S'ennuyant assez facilement, vous pouvez presque garantir qu'un Cholérique aimera prendre de nombreux risques. Lorsqu'il s'agit de prendre des décisions, il n'aura pas de problème à prendre ses propres décisions, mais aussi celles des autres. Comme vous pouvez l'imaginer, ils aiment jouer un rôle de leader plutôt que de suiveur.

Ces personnes peuvent être très créatives et ont généralement une vision de leurs projets avant de commencer. Elles agissent de manière pratique, sans jamais craquer sous la pression de leurs pairs. Bien qu'ils soient capables de faire preuve de compassion, il faut un certain temps à une personne colérique pour établir lentement des relations significatives. Il lui faut un certain temps pour se mettre en colère, mais une fois qu'il est dans cet état d'esprit, il peut être très difficile pour lui de se défaire de ce sentiment.

Chapitre 5: Comparaison des personnalités

Bien qu'il existe plusieurs types de personnalité différents, beaucoup d'entre eux présentent certaines similitudes. En les comparant, vous verrez que certains traits ont tendance à se répéter. Vous trouverez ci-dessous quelques tableaux à utiliser à des fins de comparaison. Vous pouvez les consulter pour mieux comprendre le fonctionnement de chaque type de personnalité.

Introvertis et extravertis

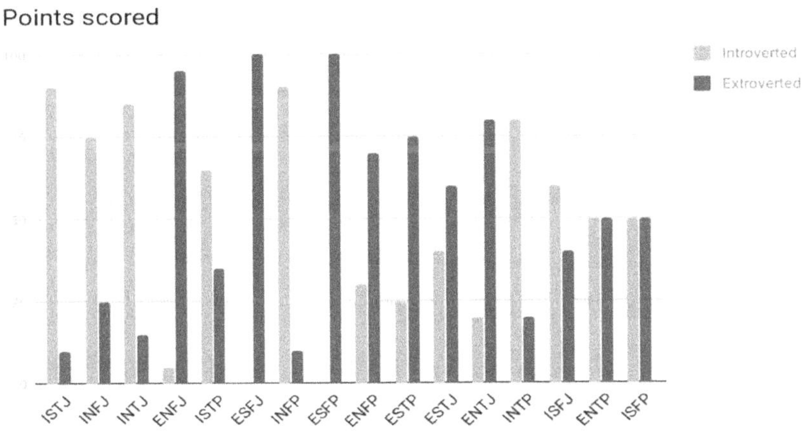

Les 16 types de personnalité comparés par les comportements introvertis et extravertis

En examinant le tableau ci-dessus, vous pouvez constater qu'il existe une grande diversité parmi tous les types de personnalité.

Le fait que votre type de personnalité commence par la lettre "E" ne signifie pas nécessairement que vous n'avez pas de qualités introverties, et vice versa. C'est une idée fausse courante que les gens ont lorsqu'ils essaient d'apprendre à connaître ces types de personnalité. En entrant dans la catégorie des personnes les plus introverties, vous verrez que l'ISTJ, l'INTJ et l'INFP ont les qualités les plus introspectives. Même s'ils ont des niveaux très similaires de comportement introverti, vous pouvez voir que tous ont un comportement extraverti différent.

Un individu ISTJ ne fera probablement jamais le premier pas pour être social. Il peut très bien se débrouiller dans un cadre social, en gardant probablement tout le temps pour lui. La seule façon pour vous de voir un ISTJ être social est probablement de voir quelqu'un d'autre faire le premier pas. Pour un ISTJ, l'équilibre est un peu différent. S'il s'agit toujours d'individus qui aiment être seuls pour se ressourcer, ils ont aussi un désir un peu plus prononcé d'être social. Cette personne peut aimer sortir de temps en temps, mais ce n'est certainement pas sa façon préférée de passer le temps. Les désirs extravertis peuvent apparaître très rarement dans cette personnalité. Un INFP fonctionnera de manière assez similaire à un ISTJ. Ils ont des proportions qui se reflètent presque l'une l'autre. On peut dire qu'un INFP est moins intense et moins passionné.

Ensuite, examinez l'ESFJ et l'ESFP - aucun des deux n'a d'aspects introvertis. Ce sont certainement les types de personnalité les plus sociaux de tous, mettant en évidence leurs désirs d'attirer l'attention et la notoriété par leurs actions. Bien qu'ils aiment tous deux être entourés d'autres personnes, ils l'exprimeront de différentes manières. Un ESFJ rejoindra des groupes et des organisations, renforçant leur popularité par ce qu'ils décident de faire dans la vie. Un FSEJ aime être le centre d'attention, n'hésitant jamais à se produire si on lui en donne l'occasion. Ils sont la logique et la créativité des personnalités extraverties.

Duo unique, l'ENTP et l'ISFP ont une chose en commun. Ils ont tous deux les mêmes aspects d'introversion et d'extroversion. La principale différence est la façon dont ils décident de représenter leurs actions. Un ENTP apprécie la stimulation mentale. Cet individu cherchera des moyens d'apprendre et de se développer mentalement. Un ENTP aime explorer de nombreuses situations différentes et se mettre en avant. Cela ne signifie pas nécessairement qu'il sera toujours au premier plan de l'action, cependant. Cela ne les dérange pas de suivre et de regarder les autres vivre les expériences.

Sensibilité et Intuition

La deuxième lettre de chaque type de personnalité a trait soit à la perception, soit à l'intuition. C'est la façon dont nous percevons les situations et dont nous décidons ensuite de la meilleure façon d'agir. Une personne qui s'appuie sur le sens se concentre beaucoup sur le temps présent. Elle ne tient généralement pas compte de ce que le passé ou l'avenir a à offrir. Le type intuitif a tendance à utiliser son côté créatif lorsqu'il s'agit de prendre une décision. Elle envisage toutes les possibilités, même les plus inhabituelles. Alors qu'un type de personnalité contient principalement l'un ou l'autre, voici comment chaque type utilise ses sens et son intuition.

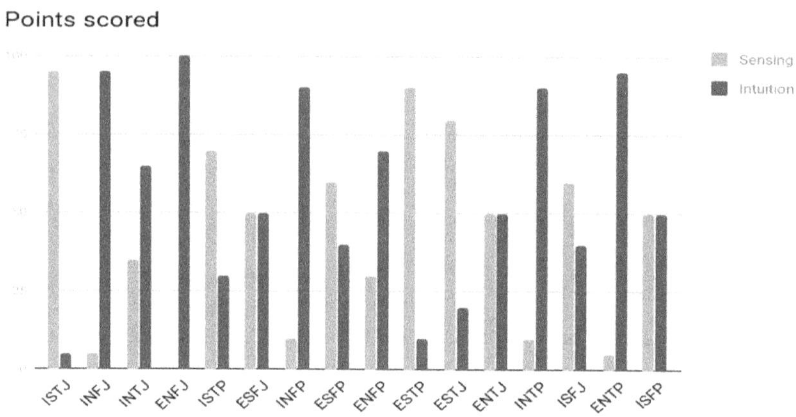

The 16 Personality Types Compared by Sensing and Intuitive Behaviors

Au premier coup d'œil, vous pouvez constater qu'il y a rarement un lien entre les comportements sensoriels et intuitifs. Le seul type de personnalité qui tend à utiliser une quantité égale des deux est l'ISFP. Il s'agit d'un signe sensoriel introverti qui n'agit pas comme les traits typiques qu'il englobe. Parce qu'ils aiment embrasser le présent, cela leur donne leur titre de sens. Cependant, ils sont également capables de penser en termes abstraits, en se fiant à leur intuition pour les aider à traverser certaines situations. Il s'agit d'un type de personnalité très polyvalent qui présente des traits comportementaux uniques.

L'ISTJ et l'ESTP sont fermement ancrés dans leur comportement sensoriel. Ce sont deux types de personnalité qui préfèrent ne penser qu'aux informations qui se trouvent directement devant eux. Il n'est pas logique qu'ils prennent en compte les résultats futurs ou les influences passées. À l'autre extrémité du spectre, on trouve l'ENFJ et l'INFJ. Ces deux types de personnalité excellent à penser de manière créative. En fait, l'ENFJ ne contient même pas d'habitudes de pensée sensorielle du tout. Ces individus sont fortement ancrés dans leur comportement intuitif.

Chaque lettre du type de personnalité compense une partie de la façon dont l'individu se comporte. Comme vous pouvez le voir, même si une personne est fortement extravertie, elle peut aussi être un penseur intuitif. Comme les possibilités sont infinies, il peut être difficile de prévoir exactement comment quelqu'un va agir. Apprendre à connaître tous les types de personnalité vous aidera à en savoir plus sur vous-même et à savoir comment interagir au mieux avec les autres personnes de votre vie. En utilisant les tableaux comme références, vous pouvez vous faire une idée de base de ce que signifie être chaque type de personnalité différent.

Sentiment et pensée

Ces deux traits peuvent être comparés à un cerveau droit ou un cerveau gauche. Un tâteur est normalement quelqu'un qui peut penser de manière créative, en utilisant son imagination pour combler les lacunes de l'inconnu. Un penseur aime examiner les choses avec soin, en s'assurant qu'il est logique avant de prendre une décision.

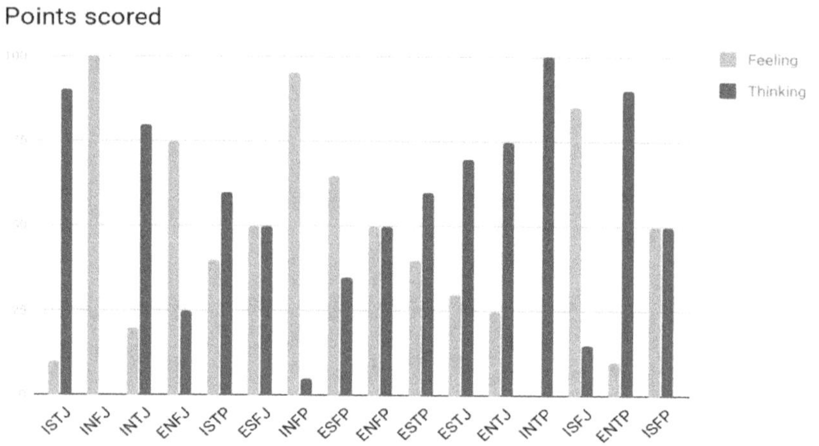

Les 16 types de personnalité comparés par les comportements de sentiments et de pensées

L'une des premières choses que vous remarquerez probablement est l'opposition directe entre l'INFJ et l'INTP. Respectivement, chacun d'eux se concentre uniquement sur le sentiment ou la pensée. Lorsqu'il s'agit de la manière dont nous incluons ou non nos émotions dans une situation donnée, la méthodologie est normalement assez noire et blanche.

Certaines personnes préfèrent s'en tenir aux faits connus, tandis que d'autres n'ont aucun problème à intégrer des informations provenant de sentiments différents. L'INFJ et l'INFP sont relativement fixes dans leur manière de procéder. Ils n'ont pas besoin d'utiliser les deux comportements car ils sont tous deux des types de personnalité qui trouvent du réconfort à s'en tenir à quelque chose qui fonctionne.

Vous remarquerez également qu'il existe plusieurs types de personnes qui voient les choses d'un point de vue 50/50. Il s'agit de l'ESFJ, de l'ENFP et de l'ISFP. En général, ces trois types de personnalité sont des personnes assez agréables. Ils n'ont normalement aucun problème à suivre le mouvement et à prendre la vie comme elle vient. Ils sont tous capables de voir l'intérêt de réfléchir logiquement à une situation tout en considérant qu'il peut y avoir plusieurs inconnues qui se cachent au coin de la rue. Comme ces types sont si équilibrés, ils comprennent plus facilement les gens qui les entourent.

Les autres types de personnalité semblent suivre un schéma similaire dans l'ensemble ; ils utilisent généralement leur trait de caractère nommé comme principal, mais ils ont la capacité de voir l'autre côté des choses si nécessaire. La capacité à rester flexible pendant les périodes de prise de décision est importante. Si vous êtes trop rigide dans vos manières et vos points de vue, vous risquez de vous heurter à d'autres personnes. Vous pourriez également vous rendre compte que vous êtes trop têtu pour avancer avec succès en raison de votre incapacité à modifier votre comportement. Si vous trouvez que votre type de personnalité penche trop dans un sens à votre goût, vous pouvez exercer votre capacité à essayer de changer votre façon de penser. Il s'agit d'un exercice sain auquel chaque type de personnalité peut participer de temps en temps.

Jugement et perception

Les juges ont tendance à être très méticuleux et organisés dans leur processus de réflexion. Ils ne participent pas à des choses sans se donner à 100%. Lorsque ces personnes ont le sentiment d'être bien établies et ordonnées, elles peuvent être performantes à leur meilleur niveau. Les individus perceptifs n'ont aucun problème à agir spontanément. Elles sont d'accord pour mettre la prise de décision en suspens jusqu'à ce qu'elles soient satisfaites de toutes les options qui s'offrent à elles. Les personnes perceptives ne sont pas gênées par les situations non résolues. Ils n'hésitent pas non plus à prendre des décisions de dernière minute.

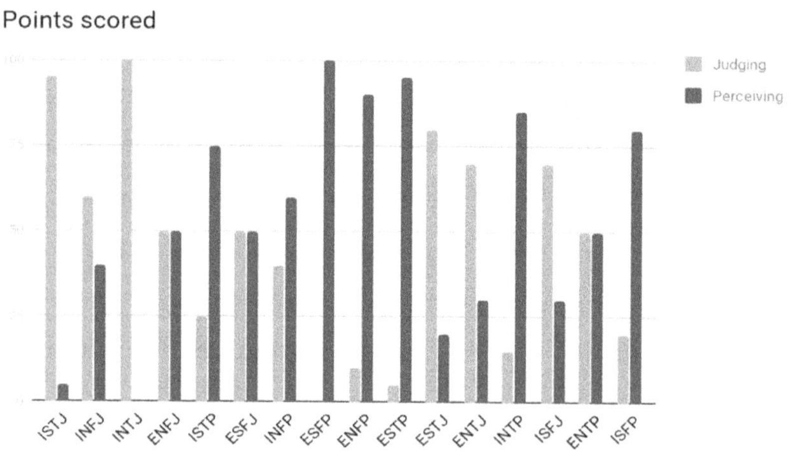

Les 16 types de personnalité comparés par le jugement et la perception des comportements

Dans cet exemple, l'INTJ et l'ESFP sont à l'image l'une de l'autre. Dans le premier cas, il s'agit de parvenir à une conclusion ordonnée d'une manière qui leur semble logique. Bien que vous puissiez essayer de leur donner des conseils ou des suggestions extérieurs, il est peu probable qu'ils y renoncent. La seconde est un esprit libre, la définition du titre. Ils préfèrent arriver spontanément à leurs conclusions en se basant sur ce qui leur semble juste au moment donné. Bien qu'aucun de ces traits ne soit meilleur que l'autre, vous pouvez voir à quel point les deux peuvent fonctionner différemment lorsqu'ils sont confrontés aux mêmes situations.

L'ENFJ, l'ESFJ et l'ENTP sont tous des types de personnalité qui peuvent se dérober dans leur comportement. Il n'est pas nécessaire de juger ou de percevoir pour arriver à une conclusion satisfaisante. Ces personnes sont probablement celles qui sont d'accord avec les conseils qui leur sont donnés. Selon que le conseil leur parle ou non, elles peuvent le suivre ou non. Le fait est qu'elles sont les plus souples de tous les types de personnalité en ce qui concerne les traits de jugement et de perception.

Voir tous les différents types de personnalité en action met vraiment en perspective le fait que nous avons tous une vision différente du monde. Nous avons tous une perception différente de nous-mêmes et de l'environnement dans lequel nous vivons. Ce n'est pas parce que deux personnes ont grandi dans les mêmes circonstances qu'elles vont forcément se retrouver dans la même situation. Le type de personnalité et le tempérament ont beaucoup à voir avec la version finale de la personnalité d'une personne. Si vous avez déjà pensé qu'il était impossible de comprendre quelqu'un, peut-être n'avez-vous pas une vue d'ensemble. Cette logique peut également vous aider lorsque vous n'êtes pas sûr de vos propres comportements. Ces tableaux donnent un bon aperçu des raisons pour lesquelles nous sommes tous comme nous sommes.

Chapitre 6: Personnalité et amour

L'amour est une chose qui peut faire sortir n'importe qui de l'ordinaire. Nous ressentons les choses plus intensément et voyons même les choses différemment lorsque nous sommes amoureux. L'examen de la façon dont chaque type de personnalité gère les relations peut expliquer beaucoup de choses sur vos romances passées, présentes et futures. En général, si vous avez une personnalité assez facile à vivre et que vous aimez vous amuser, on peut dire que vous aurez probablement des expériences positives dans la plupart des relations que vous pourrez rencontrer. Ce qui peut souvent faire pencher la balance, c'est le type de personnalité de votre partenaire. Lorsque vous réunissez deux personnes de manière aussi intime, il est probable que certains comportements feront surface dont vous ne vous rendez peut-être même pas compte.

Surmonter les différences en amour peut être un défi, car votre cerveau peut être obscurci par des sentiments. Selon la façon dont vous percevez les choses, il peut être un peu difficile de différencier ce qui est factuel et ce qui est émotionnel. Certaines personnes n'ont aucun problème à le faire, et peuvent même avoir la capacité de pousser les choses trop loin. Être distant de son partenaire peut causer autant de problèmes qu'être trop expressif. L'amour exige un équilibre entre les deux parties en présence, et vous ne serez pas en mesure d'y parvenir pleinement si vous n'avez pas une compréhension précise de la façon dont l'autre fonctionne.

Vérification de compatibilité

Lorsque vous êtes en relation avec quelqu'un, il est important de savoir si vous êtes tous deux compatibles l'un avec l'autre. Il y a une différence entre la compatibilité et l'attirance. Vous avez probablement déjà connu des cas où vous tombez très vite amoureux de quelqu'un, pour découvrir ensuite que vous n'avez en fait rien en commun. Beaucoup de gens le découvrent à la dure, en sortant avec la "mauvaise" personne pendant des mois ou des années, pour finalement se rendre compte qu'ils ne sont pas du tout compatibles. Cela peut rendre la tâche de trouver quelqu'un à fréquenter intimidante. Bien qu'il ne soit pas nécessaire d'être d'accord sur tous les points, il est utile de partager les mêmes valeurs et intérêts fondamentaux.

Quels sont les comportements que vous jugez inacceptables ? Il est important de vous en souvenir avant de vous lancer dans une relation amoureuse. Si vous rencontrez quelqu'un qui affiche ce comportement au fil du temps, vous vous trouverez dans une situation délicate. Tenez-vous en à vos convictions et parlez de ce que vous trouvez choquant. Quelles sont les choses que votre partenaire doit posséder ? Pour certains, c'est un grand sens de l'humour. Pour d'autres, c'est la capacité à communiquer ouvertement. Cela va varier selon la personne, mais dans les relations amoureuses, toutes vos préférences sont valables. N'oubliez pas que la personne avec laquelle vous sortez est quelqu'un avec qui vous allez probablement passer la majorité de votre temps. Vous devez vous assurer que vous vous alignez sur les points de vue.

Avoir des différences n'est en aucun cas un obstacle. Il est sain pour les couples d'être des individus. C'est ce qui fait la force d'une relation : deux personnes séparées qui se rencontrent sur la base de points communs et d'une attirance. Si vous et votre partenaire vous alignez sur les points essentiels mais pas sur ce que vous trouvez amusant et excitant, c'est bon. Le fait d'être avec quelqu'un qui est un peu différent de vous peut faire ressortir de nouveaux aspects de votre personnalité et vice versa. Ce type de relation vous poussera à devenir une personne plus ouverte, vous encourageant à essayer de nouvelles choses.

Réfléchissez à ce que votre partenaire ressent dans un contexte social. C'est un aspect important non seulement des relations amoureuses, mais aussi de la vie en général. Il y aura de nombreuses occasions où vous vous retrouverez dans des scénarios sociaux. Si vous êtes du côté des introvertis, le fait d'être avec un autre introverti pourrait vous donner l'impression d'avoir une alliance. Ce sera comme si vous sortiez avec une personne qui peut s'identifier à vous en matière de socialisation. Par ailleurs, si vous êtes un introverti qui sort avec une personne extravertie, votre partenaire pourrait vous pousser à sortir de votre coquille. Un peu de socialisation saine peut être très utile pour maintenir l'équilibre de votre personnalité. Vous savez ce qu'on dit, les opposés s'attirent. Tant que vous êtes à l'aise avec ce qui se passe, vous savez que vous et votre partenaire êtes probablement compatibles.

Surmonter les différences

Lorsque vous entrez dans une relation avec quelqu'un, vous allez devoir apprendre à surmonter vos différences. Il peut s'agir de choses mineures, comme un désaccord sur ce qu'il faut regarder au cinéma ou le choix d'un endroit où aller dîner. D'autres choses peuvent avoir un poids plus important. L'un des principaux facteurs de rupture d'une relation est le manque de communication. Si vous ne communiquez pas avec votre partenaire, vous ne pouvez pas vous attendre à ce qu'il lise vos pensées et sache exactement ce que vous voulez. Il peut être difficile de s'exprimer, surtout pour ceux qui ont un type de personnalité régressif. Il peut sembler presque plus facile de suivre l'actualité et d'être agréable que de déclencher une confrontation potentielle. Bien que cela puisse être vrai, sachez simplement que le problème persistera même si vous choisissez de l'ignorer. C'est pourquoi certains couples resteront longtemps sans se disputer, puis il se produit une situation explosive, remplie de toute la tension refoulée.

Réfléchissez aux moyens suivants qui vous permettront de surmonter vos différences avec votre partenaire :

- Passez du temps seul : prenez un créneau horaire chaque semaine pour passer du temps seul avec votre partenaire. Vous ne pourrez jamais travailler sur vos problèmes si vous êtes constamment entouré d'amis et de membres de votre famille. Ayez toujours des discussions sérieuses entre vous dans votre propre entreprise, si possible. La présence d'autres personnes pour la discussion peut rendre les choses compliquées et désordonnées. Vos affaires personnelles doivent rester entre vous deux. C'est une façon de vous assurer que la situation est impartiale et qu'elle n'est pas influencée par des sources extérieures.

- Focus sur les points communs : Lorsque vous passez du temps avec votre partenaire, essayez de faire quelque chose qui vous plaît à tous les deux. Si les deux parties estiment que la relation est égale, il y aura moins de querelles. Bien entendu, vous n'êtes pas obligé de faire tout ce que vous voulez avec votre partenaire. Si vous aimez le patin à glace mais que votre partenaire n'aime pas, choisissez plutôt d'aller patiner avec vos amis. De simples changements comme celui-ci peuvent montrer que vous êtes prévenant, mais aussi vous permettre de faire toutes les choses que vous voulez faire.

- Réfléchissez avant de parler : Beaucoup de couples se lancent dans des discussions qui finissent par se transformer en disputes passionnées. En règle générale, ne commencez pas à discuter d'un problème avant d'être absolument certain de savoir ce que vous voulez dire.

Cela peut être difficile, en particulier pour les personnes qui ont une personnalité franche. Cependant, le fait d'avoir les idées claires vous évitera de vous battre inutilement. Pensez à ce que vous ressentez, sans l'avis de votre partenaire. Ensuite, déterminez ce qui vous fait ressentir cela. Enfin, examinez la situation dans son ensemble et son impact sur la relation. Prendre ces quelques instants pour rassembler vos pensées peut vous aider à faire face aux altercations qui surviennent.

- Chercher une thérapie : Se débarrasser de l'idée que chercher de l'aide est une chose négative peut vraiment changer la qualité de votre relation. De nombreux couples recherchent une aide professionnelle à plusieurs stades de leur relation. Aller voir un thérapeute, c'est un peu comme avoir un médiateur à sa disposition pendant vos discussions. Certains couples apprécient d'avoir ce point de vue supplémentaire pour les aider à surmonter les difficultés. Bien que la thérapie ne soit pas pour tous les couples, si vous pensez qu'elle pourrait vous être légèrement bénéfique, n'ayez pas peur d'essayer une séance. Un thérapeute est professionnellement changé pour reconnaître les différents types de personnalité et pour mieux comprendre quel type de techniques fonctionne le mieux.

Personnalité positives

Si l'on se concentre sur la façon dont les différents types de personnalité peuvent entraver les relations, on constate toujours le contraire : certains traits de personnalité améliorent votre vie amoureuse. Si vous aimez aider les autres, pensez à toutes les façons dont vous pouvez rendre votre partenaire heureux. Beaucoup de personnes entrent en relation parce qu'elles veulent qu'on s'occupe d'elles, que ce soit physiquement ou émotionnellement. De nombreux types de personnalité ont ce trait de gardien ; c'est un trait qui apporte un grand réconfort aux autres. Le fait d'être un type de personne attentionné apporte un sentiment de stabilité dans la relation. Cela fait de vous une personne fiable sur laquelle votre partenaire peut compter.

Ceux qui aiment s'exprimer peuvent également faire d'excellents partenaires. Si vous êtes extraverti et que vous aimez vous lancer dans des discussions, alors vous avez beaucoup à offrir à une autre personne. Le fait d'être avec quelqu'un qui n'a pas peur de s'exprimer peut-être une qualité très positive. Beaucoup de gens oublient que le changement commence à l'intérieur, et personne ne va initier le changement si vous ne commencez pas. Un partenaire extraverti qui a besoin de justice est un fonceur dans le monde romantique. Ce type d'individu est normalement très clair et concis dans ses pensées.

Être agréable ne signifie pas nécessairement que vous allez vous faire marcher sur les pieds. Sortir avec quelqu'un qui s'identifie comme agréable signifie que vous êtes avec quelqu'un qui est flexible face au changement. Parce que les relations sont souvent remplies de nombreux changements imprévisibles, c'est une qualité importante à posséder. Un partenaire qui est agréable n'est pas faible. En fait, cette personne est tout le contraire. Pouvoir mettre sa fierté de côté et s'adapter à un changement est un trait de personnalité qu'il est extrêmement utile d'avoir. Les relations qui comportent au moins un partenaire agréable permettent de maintenir le bon déroulement des choses.

La façon dont une personne pense contribue beaucoup à une relation. Quelqu'un qui peut voir la logique et la raison dans les situations aura normalement une approche très rationnelle pour trouver une solution. Ce type de personne reste ancré dans le présent, préférant réfléchir à l'issue de la situation donnée. À l'autre extrémité du spectre, ceux qui ont la capacité de penser de manière abstraite ont l'esprit ouvert aux situations difficiles. Ces personnes choisissent de voir les solutions comme étant abondantes et uniques, en considérant ce qui se passera non seulement dans le présent mais aussi dans le futur. Comme vous pouvez le constater, tout est question de perspective. Même lorsque deux personnes sont dans une même relation et traitent des mêmes problèmes, il peut y avoir des méthodes très différentes pour aborder la résolution des problèmes.

Comment être harmonieux

Vous avez donc identifié votre type de personnalité et vous savez comment votre partenaire fonctionne. Que pouvez-vous faire pour que la relation reste harmonieuse ? Une idée fausse courante est que vous devez vous changer pour ressembler davantage à votre partenaire ou pour répondre à ses besoins. Comme nous l'avons vu précédemment, tout cela revient au facteur de compatibilité - cela devrait venir naturellement. Si vous constatez que vous changez votre identité en tant que personne uniquement pour le bien d'une relation, alors peut-être devez-vous évaluer pourquoi vous le faites. Votre relation avec votre partenaire doit être forte et sûre, quelles que soient vos habitudes de comportement. Vous devez vous sentir à l'aise pour parler ensemble et aimer passer du temps ensemble.

Si un problème survient, ne le balayez pas sous le tapis. C'est à ce moment-là que vous devez travailler sur vous-même afin d'améliorer votre relation. Parlez de vos sentiments et essayez de résoudre les tensions avant qu'elles ne deviennent plus importantes. Dans ce cas, vous devez être conscient que votre partenaire pourrait avoir une autre façon de traiter le problème. Encouragez la franchise et montrez que vous êtes prêt à parler des choses de manière non conflictuelle. Les couples qui choisissent de communiquer dès le début peuvent souvent éviter ces disputes et les chamailleries qui s'ensuivent.

L'espace est une bonne chose. Les couples qui ne prennent jamais le temps de se séparer ont tendance à se disputer plus fréquemment. Réfléchissez à ce que vous avez appris sur les introvertis et les extravertis - selon vos besoins, prenez votre temps pour vous ressourcer. Cela peut vouloir dire déjeuner avec des amis ou passer du temps seul à lire des livres. Il n'est pas mauvais d'exprimer ces besoins à votre partenaire, car le plus souvent, il aura aussi besoin de son propre temps pour se ressourcer. Aussi cliché que cela puisse paraître, la distance fait que le cœur s'attache.

Rappelez-vous pourquoi vous êtes tombé amoureux. Encore un sentiment de mauvais goût, mais le fait de repenser à ce qui vous a rapproché peut aider à raviver certains sentiments positifs. Les relations sont difficiles, surtout lorsque deux personnalités différentes se rencontrent. Un retour aux sources vous rendra non seulement plus heureux en tant que couple, mais vous rappellera aussi que vos deux types de personnalité s'accordent bien. Beaucoup de gens ont tendance à oublier les petites choses, car ils restent dans la relation au fil du temps. C'est tout à fait normal, et il suffit d'un petit effort pour revenir à cet endroit heureux. Même si vous n'êtes pas du genre à prendre des initiatives, essayez de sortir de votre zone de confort afin que cela se produise dans votre relation.

Chapitre 7 : Personnalité et émotions

Les émotions vont de pair avec votre personnalité. Ces sentiments découlent de votre humeur, de votre environnement et de vos relations. Il est tout à fait normal de ressentir des émotions ; certaines personnes les ressentent plus intensément ou plus souvent que d'autres. Il existe différents niveaux d'émotions et des façons uniques de les former selon votre type de personnalité. Ce qu'il est important de retenir, c'est que les émotions ne se formulent pas à partir de rien. Elles sont une réponse déclenchée à une stimulation situationnelle. Par exemple, si vous vous trouvez en train de regarder un film triste et que vous vous mettez à pleurer, vous remarquerez que vos émotions sont très actives. Être capable non seulement d'accepter ses propres émotions, mais aussi de comprendre celles des autres, est une clé pour comprendre les différents types de personnalité.

7 émotions communes

Les émotions humaines peuvent être parfois complexes et imprévisibles, mais il est important de se rappeler qu'elles découlent normalement de l'un des éléments suivants qui sont le plus souvent ressentis :

Colère

Nous connaissons tous ce sentiment, qu'il provienne de nos propres sentiments ou de ceux des autres. Même si la colère a une connotation négative, c'est une émotion importante qui doit être ressentie de temps en temps. Savoir que l'on est en colère signifie que l'on peut reconnaître que quelque chose ne va pas. La façon dont vous choisissez de gérer cette colère en dit long sur votre type de personnalité. Idéalement, on veut ressentir l'émotion avant d'aller de l'avant et de trouver une solution à ce qui provoque la colère. Il est compréhensible que certaines personnes aient du mal à lâcher prise. La colère étant une émotion si intense, il faut faire beaucoup d'efforts pour la dépasser.

<u>Comment nous l'exprimons</u> : La colère se manifeste assez clairement lorsqu'il s'agit du langage corporel. Vous remarquerez un changement dans les sourcils et les yeux, un resserrement de la position des lèvres, et peut-être même un comportement rigide dans tout le corps. Ces traits physiques de la colère sont destinés à montrer aux autres que nous sommes forts et protégés. Même dans les types de personnalité les plus doux, vous verrez la colère comme une émotion qui crée un bouclier invisible autour d'une personne.

Peur

C'est l'émotion qui apparaît avant que votre réaction de combat ou de vol ne se déclenche. Nous avons tous des choses différentes qui nous font peur, mais la façon dont nous exprimons notre peur peut être très différente. Certains types de personnalité refusent de montrer leur faiblesse, prétendant ainsi n'avoir peur de rien. D'autres n'ont aucun problème à laisser la peur prendre le dessus. Il n'y a pas de bonne ou mauvaise façon de gérer cette émotion, car elle est très complexe. La seule chose sur laquelle vous pouvez travailler est la façon dont vous réagissez d'abord aux situations qui provoquent la peur. Rester calme est la clé.

<u>Comment nous l'exprimons :</u> Lorsque la peur est présente, une personne la montrera normalement directement par ses yeux. Elle apparaîtra plus large avec des sourcils levés. La bouche peut naturellement s'ouvrir légèrement, le souffle étant retenu. Si la personne respire, elle le fait normalement plus rapidement que la normale. La position adoptée peut être comparée à celle d'un cerf dans les phares, en essayant de décider quelle sera la prochaine action la plus intelligente.

Dégôut

Cette émotion peut souvent être perçue comme impolie par d'autres personnes. Montrer du dégoût signifie que vous n'appréciez vraiment pas ce qui vous est présenté ou ce qui se passe autour de vous. Là encore, en fonction de votre type de personnalité, la façon dont vous agissez sur le dégoût peut paraître diverse. Les personnes les plus timides traiteront le dégoût sur leur propre temps. Ce type d'individu s'y accrochera probablement plus longtemps, en y repensant. Les personnes qui choisissent de gérer les choses plus directement peuvent aborder le dégoût de manière conflictuelle.

<u>Comment nous l'exprimons :</u> Un nez ridé est un indice clé d'un sentiment de dégoût. Vous pourriez constater que la lèvre supérieure est tirée vers le haut, voire ridée. Les sourcils se rabattent naturellement vers le bas. Ces réactions sont toutes naturelles, car elles ont pour but de nous protéger. Que ce soit une vue, un son ou une odeur que nous trouvons dégoûtante, le fait de fermer notre corps nous prépare à affronter le problème.

Bonheur

C'est une émotion que la plupart des types de personnalité ont tendance à exprimer de la même manière. Le bonheur est une émotion joyeuse qui peut se présenter de nombreuses façons différentes. Vous pouvez être heureux de quelque chose qui se passe dans votre vie, vous pouvez être heureux avec vous-même, vous pouvez être heureux pour les autres, et vous pouvez même être heureux indirectement (pensez à regarder vos personnages préférés à la télévision). C'est l'une des émotions humaines les plus courantes qui s'exprime au quotidien.

Comment nous l'exprimons : Le sourire est la première indication du bonheur. Ironiquement, les chercheurs pensent que nos sourires proviennent en fait du désir de montrer nos dents et d'affirmer notre domination. Dans la société d'aujourd'hui, il est devenu une belle forme d'expression de soi. Les yeux paraissent également plus chauds lorsque le bonheur est exprimé, parfois même en louchant. Ce n'est pas pour rien que l'on dit que le bonheur est l'émotion la plus universelle. Il est si facilement reconnu par tous.

Tristesse

De toutes les émotions, celle-ci est sans doute la plus complexe. Bien qu'il soit normal de ressentir de la tristesse, les façons de l'exprimer sont vastes. Certains types de personnalité ont beaucoup de mal à se mettre dans cet état vulnérable, en évitant la tristesse comme la peste. D'autres ne peuvent s'empêcher de succomber à la tristesse, lui permettant de prendre le dessus. Il est rare d'avoir un juste milieu lorsqu'il s'agit de vivre la tristesse ; soit on la ressent, soit-on ne la ressent pas. Il s'agit d'une autre émotion dont le dépassement dépend en grande partie d'une bonne gestion. Trouver des moyens sains de se défouler devient essentiel pour toute personne qui traverse une période difficile ou déprimante.

Comment nous l'exprimons : Pleurer est une réaction tout à fait normale à la tristesse. Si les vraies larmes ne tombent pas, les yeux ont tendance à se gonfler avec elles. Les lèvres commencent à frémir, les coins étant tirés vers le bas. Les coins intérieurs des sourcils se soulèvent de plus en plus légèrement. La tristesse comporte quelques détails physiques très légers qu'il est important de reconnaître, même si la personne ne pleure pas. Cela vous aide lorsque vous essayez de comprendre les autres. Si vous pouvez détecter la tristesse sans qu'on vous en parle, vous serez probablement une personne suffisamment digne de confiance pour vous aider à la surmonter.

Surprise

C'est une émotion rapide qui peut provenir de quelque chose de très positif ou de très négatif. C'est une émotion difficile à simuler. Être surpris est en fait une émotion souhaitée par certains. Ceux qui la recherchent ont le sentiment de perdre le contrôle pendant ces quelques secondes. On peut imaginer que cette perte de contrôle peut parfois provoquer chez les gens un sentiment de peur ou d'incertitude. Si vous vous êtes déjà demandé pourquoi vous aimez ou détestez les surprises, alors ceci pourrait vous éclairer. Chaque personne a sa propre façon de gérer et de faire face à l'émotion de la surprise.

Comment nous l'exprimons : Si vous regardez les sourcils d'une personne, vous pourrez indiquer si elle se sent surprise. Toute la zone des sourcils sera soulevée, ce qui provoquera probablement le plissement du front. Les pupilles seront dilatées, les yeux souvent plus larges que la normale. La bouche peut également rester brièvement ouverte. Peu importe que la surprise soit positive ou négative, la réaction a tendance à être exactement la même. C'est l'une des seules émotions qui peuvent se présenter de cette façon, quelle qu'en soit la cause, ce qui peut être assez fascinant à penser.

Mépris

C'est un sentiment de mépris, et il est complexe par nature. Le mépris est presque toujours déclenché par quelque chose d'antérieur. Il est peu probable que l'on commence à le ressentir de nulle part. Nous ne ressentons pas tous le mépris de façon régulière. Les personnes qui ont un type de personnalité acceptable se laissent généralement aller à une émotion différente avant même d'atteindre un état de mépris. C'est peut-être la raison pour laquelle il nous est si difficile de nous comprendre les uns les autres. Imaginez que vous essayez de voir les choses d'un point de vue différent que vous n'avez jamais ressenti auparavant. Si vous n'êtes pas personnellement confronté au mépris, la meilleure chose à faire est de le rechercher et d'en tenir compte lorsque vous voyez d'autres personnes le subir.

Comment nous l'exprimons : Pour une émotion aussi forte, les yeux sont ironiquement à peine changés. En fait, il y a normalement un regard vide derrière eux. Pendant ce temps, les lèvres peuvent apparaître inégales, avec un coin tiré vers le haut et vers l'arrière. Comme mentionné, cette émotion est une émotion qui peut souvent se superposer à d'autres. La colère peut se transformer en mépris tout aussi facilement que la méfiance peut suivre le mépris. Parce qu'elle peut être très déroutante, le corps décidera physiquement d'être vide de réaction au moment.

Corrélation

Vous avez maintenant une idée des émotions humaines les plus courantes, ainsi que des 16 principaux types de personnalité. La prochaine chose que vous vous demandez probablement est comment tout cela s'assemble. Il s'agit d'un réseau complexe de sentiments qui sont mis en mouvement par des traits de personnalité et des actions qui se forment par instinct naturel. Les psychologues étudient cette corrélation depuis plusieurs décennies maintenant, car c'est un sujet de recherche très fascinant. Si vous en avez un. Vous découvrirez que lorsque vous aurez compris un aspect, vous ne pourrez pas nécessairement en prévoir d'autres. Par exemple, si vous avez un ami qui est direct et agressif dans des situations personnelles, vous pourriez croire qu'il s'en prendrait aussi à un patron ou à une autorité supérieure. Comme de nombreux autres facteurs entrent en jeu, cet ami peut en fait être très soumis et respectueux à l'égard des responsables.

Cela ouvre la voie à l'argument séculaire : vos actions sont-elles principalement alimentées par votre personnalité ou par les situations en question ? Bien que la réponse à cette question ne soit pas simple, les deux sont activement impliqués. Selon votre type de personnalité, vous serez plus ou moins sensible aux questions de situation que d'autres personnes. Certains d'entre nous préfèrent n'agir qu'après avoir soigneusement évalué une situation. D'autres personnes sont ancrées dans leurs actions et choisissent d'agir avant de rassembler tous les détails. Cela est également lié au fait que certaines personnes sont plus calculées et s'appuient sur la logique, tandis que d'autres agissent par instinct.

Un autre point intéressant à soulever est le fait que les humains gravitent souvent vers ce qui est familier ou confortable. Si vous observez une personne naturellement agressive, vous vous rendrez compte qu'elle se met souvent dans des situations où elle peut gagner des arguments. On peut dire la même chose des personnes tranquilles et passives. Vous ne trouverez pas une personne timide qui se porte volontiers volontaire pour monter sur scène afin d'être jugée par d'autres personnes. Il faut des facteurs extérieurs pour pousser quelqu'un hors de sa zone de confort. Les humains sont vraiment des créatures d'habitudes. Comme vous pouvez le constater, c'est pourquoi le fait de s'engager avec d'autres personnes différentes de vous peut souvent vous conduire à des expériences que vous n'auriez jamais recherchées pour vous-même. Cela est également vrai pour la personne avec laquelle vous sortez.

Se diversifier est une partie saine de la croissance d'une personne. Chez les enfants, nous les encourageons souvent à essayer de nouvelles choses, que ce soit la nourriture, les jeux ou le sport. Il n'est pas nécessaire que cela s'arrête simplement parce que nous sommes adultes. Se pousser à faire quelque chose d'extrême peut avoir des effets néfastes, une réticence générale à essayer. Si vous pouvez trouver quelque chose qui se situe raisonnablement dans votre zone de confort, sous l'impulsion d'une autre personne (ou de votre volonté), alors vous serez probablement en mesure de l'accomplir. Les gens font cela tout le temps avec des choses qui leur font peur - les montagnes russes en sont un exemple.

Se diversifier est une partie saine de la croissance d'une personne. Chez les enfants, nous les encourageons souvent à essayer de nouvelles choses, que ce soit la nourriture, les jeux ou le sport. Il n'est pas nécessaire que cela s'arrête simplement parce que nous sommes adultes. Se pousser à faire quelque chose d'extrême peut avoir des effets néfastes, une réticence générale à essayer. Si vous pouvez trouver quelque chose qui se situe raisonnablement dans votre zone de confort, sous l'impulsion d'une autre personne (ou de votre volonté), alors vous serez probablement en mesure de l'accomplir. Les gens font cela tout le temps avec des choses qui leur font peur - les montagnes russes sont une source de stress pour l'homme, qui gravite vers des options stables. Si vous vous promeniez dans les bois et que vous rencontriez un chemin sûr et dégagé le long d'un sentier drapé d'épines et de serpents, le choix serait assez clair. Il est naturel de vouloir se sentir en sécurité. Nous avons tous des moyens différents de nous protéger lorsque nous commençons à nous sentir menacés. C'est là que votre personnalité se révèle. Un mécanisme de défense est un moyen tout à fait unique pour vous de protéger votre état d'être. Certaines personnes vont fuir, d'autres vont parler de la situation. Quoi que vous fassiez, l'objectif principal est le même : être dans une situation stable.

Le comportement peut être analysé et prédit tout au long de la journée, mais il ne faut pas oublier qu'aucune personne ne va faire preuve d'une constance à 100 % dans ses actions. Des choses se produisent et des sentiments surgissent qui nous poussent à nous écarter du chemin prévu. C'est ce qui rend la vie si intéressante. Nous avons tous de légères variations de nous-mêmes qui ont tendance à se manifester lorsque nous ressentons des émotions différentes. Pensez à votre film préféré. Si vous êtes de bonne humeur et que votre film préféré passe à la télévision, vous aurez probablement envie de vous asseoir et de le regarder. Maintenant, pensez à la peine que vous éprouvez ; vous ne serez probablement pas d'humeur à regarder un film en raison de tous les sentiments que vous éprouvez. En fait, le fait de voir le film à la télévision peut vous décourager. De petites choses comme celles-ci peuvent changer votre comportement de façon considérable.

Chapitre 8 : Personnalité et lieu de travail

Votre environnement de travail est probablement le plus difficile auquel vous ayez à faire face. C'est un lieu où de nombreuses personnalités différentes doivent se rencontrer pour accomplir des tâches. En vous voyant probablement confier des responsabilités, vous avez la garantie que vous vous êtes déjà senti incroyablement stressé au travail. Dans ces situations, vous remarquerez qu'il existe une grande possibilité de conflit de personnalités. Le fait d'avoir autant de personnes différentes qui travaillent ensemble peut être une situation très complexe. Alors, comment pouvez-vous vous assurer que vous faites un excellent travail tout en vous entendant avec vos collègues ?

Démarrer du début

Grâce aux recherches que vous avez effectuées, vous devriez maintenant tout savoir sur votre type de personnalité. Personne d'autre que vous ne saura mieux que vous comment vous fonctionnez. Lorsqu'il s'agira de faire face à votre charge de travail, vous saurez quelles sont les conditions qui stimuleront votre meilleur travail. Aimez-vous travailler de manière chronologique ? Écoutez-vous de la musique pendant que vous travaillez ? Êtes-vous capable de faire plusieurs choses à la fois

? En considérant toutes les possibilités, vous devriez vous fixer comme objectif de travailler aussi confortablement que possible. Faites tout ce que vous pouvez pour que votre environnement de travail soit un espace confortable et productif. Beaucoup oublient qu'il y a de petites choses qui peuvent être changées afin de promouvoir la productivité. N'ayez pas peur de vous adresser à votre supérieur si nécessaire. Il n'y a rien de mal à vouloir améliorer votre productivité.

Connaissez vos déclencheurs -- c'est important. Tout le monde est déclenché de temps en temps. Cela n'a pas besoin d'être aussi grave qu'il n'y paraît, mais sachez que cela peut l'être. Que faites-vous pour vous-même dans ces situations ? Prenez-vous du recul ou vous engagez-vous ? Voici un exemple de certains éléments déclencheurs:

- Quelqu'un sur le lieu de travail abuse de son pouvoir, donne des ordres à d'autres personnes et ne fait pas sa part de travail. Vous avez ainsi l'impression de ne pas être reconnu à sa juste valeur pour vos efforts, et vous ne travaillez souvent que pour rattraper votre retard. C'est un cas très frustrant, qui se produit souvent sur le lieu de travail.

  Ce que vous pouvez faire : Si jamais vous avez le sentiment qu'un équilibre injuste est en train de se mettre en place, assurez-vous d'en parler. Adressez-vous à quelqu'un qui travaille au-dessus de vous. Si c'est le patron qui vous fait ressentir cela, vous devrez peut-être demander conseil à quelqu'un qui occupe un poste encore plus élevé dans l'entreprise. Sachez que vous avez le droit de vous valoriser et d'apprécier votre valeur. Le fait d'être placé dans ces conditions de travail stressantes peut avoir des conséquences néfastes et peut même faire apparaître certains aspects négatifs de votre personnalité au fil du temps.

- Votre collègue n'arrête pas de vous harceler, quoi qu'il se passe. Si vous êtes en train de vous concentrer sur quelque chose d'important, une perturbation pourrait être très préjudiciable à votre progression. Pour la plupart des types de personnalité, le fait d'être interrompu peut soit vous donner un coup de fouet, soit vous faire sentir très dépassé. Le pire, c'est lorsque l'autre personne n'est pas consciente ou simplement n'a pas conscience de l'impact que cela peut avoir sur vous.

<u>Ce que vous pouvez faire</u> : Si la confrontation peut être difficile pour certains d'entre nous, elle est parfois essentielle. La plupart du temps, il existe une idée fausse entre la confrontation et le combat. Une confrontation n'a pas besoin d'être égale à un match de cris. Tout ce que cela signifie, c'est que vous devez exposer clairement votre cas à la personne qui vous perturbe. Expliquez-lui pourquoi son comportement vous dérange et proposez-

lui une solution que vous pouvez suivre. Le fait de prendre des déclarations ouvertes vous permettra de résoudre la situation après une conversation plutôt que de la faire traîner en longueur.

- Après avoir quitté le travail chaque vendredi, imaginez que tous vos collègues se réunissent pour boire un verre et qu'ils ne vous invitent jamais. Il s'agit d'un autre type de déclencheur, qui tourne autour d'aspects plus sociaux du lieu de travail. Ce genre de situation est délicat car elle ne s'articule pas autour d'un système de règles ou de directives. La socialisation est quelque chose d'unique en soi, mais elle peut quand même avoir la capacité de causer de grands dommages émotionnels à votre personnalité. Cela est particulièrement vrai pour les personnes plus introverties.

<u>Ce que vous pouvez faire</u> : S'affirmer est l'un des aspects les plus difficiles de l'être humain. Si vous êtes discret, il est peu probable que vous parliez de votre exclusion. Au contraire, vous pouvez faire des compromis. Nous formons tous naturellement des alliances, même si nous sommes très réservés. Les liens humains sont importants pour traverser la vie. Si vous souhaitez vous lier d'amitié avec l'un de vos collègues, essayez de lui demander s'il veut rester en dehors du temps de travail. En créant une nouvelle situation sociale, vous aurez plus de contrôle. La façon dont les autres vous perçoivent est très

complexe, comme nous l'avons appris. Après avoir vu que vous prenez des initiatives dans le domaine social, les autres pourraient y voir un signe que vous voulez être invité à prendre un verre après tout.

- Si vous êtes un gardien, il est dans votre nature de vous assurer que les autres vont bien. Lorsque vous avez un collègue qui ne fait pas assez d'efforts, vous pouvez avoir envie d'intervenir et d'aider. Cela peut s'avérer être une action très positive, qui permet de créer un lien avec vos collègues. Ce qu'il faut retenir lorsque vous aidez les autres, c'est que vous ne devez pas vous disperser. Si vous commencez à perdre de la qualité dans votre propre travail parce que vous aidez les autres à terminer le leur, alors c'est un problème. Savoir tracer la ligne est une limite importante à apprendre. Il peut être plus difficile pour ceux qui ont l'instinct naturel de vouloir aider les gens.

<u>Ce que vous pouvez faire</u> : Demandez-vous si vous êtes là où vous devez être en termes de progrès. Votre charge de travail est-elle sur la bonne voie ? Votre travail est-il de bonne qualité ? Si vous avez répondu non à l'une ou l'autre de ces questions, vous devriez y réfléchir à deux fois avant de vous lancer et d'essayer de sauver la situation. Bien qu'il puisse sembler que vous tourniez le dos à la personne au début, vous vous rendrez compte que vous ne pouvez pas aider quelqu'un avec succès tant

que vous n'êtes pas sur la bonne voie en ce qui concerne vos propres responsabilités. L'équilibre est primordial lorsque vous devez faire face à vos traits de personnalité naturels sur le lieu de travail.

- Pensez à votre patron qui vous promet une promotion depuis quelques mois. Vous avez travaillé dur pour montrer à votre patron que vous méritez cette promotion, en restant souvent tard et en travaillant le week-end pour prouver que vous êtes dévoué à l'entreprise. Lorsque le jour se lève enfin, vous vous rendez compte que votre collègue a obtenu le poste à la place. Vous êtes coincé dans la lutte de ne pas vouloir paraître jaloux mais aussi de vouloir vous dresser contre cette injustice. La situation vous met particulièrement en colère parce que votre collègue n'a pas été aussi cohérent que vous l'avez été. Il s'est fait porter malade et a été en retard dans ses missions.

<u>Ce que vous pouvez faire</u> : L'injustice est difficile à affronter, et cela est particulièrement vrai sur votre lieu de travail. Là encore, la façon dont vous réagissez dans cette situation va dépendre fortement du type de personnalité que vous avez. C'est un autre cas où vous devez affirmer votre capacité à faire face à une confrontation directe. Que vous ayez naturellement cette capacité à l'intérieur ou que vous deviez sortir de votre zone de confort, vous devez absolument en parler à votre

patron. Au lieu de dénigrer votre collègue, vous pouvez expliquer à votre patron pourquoi vous pensez être le bon candidat pour le poste. Mentionnez toutes les façons dont vous avez fait des efforts supplémentaires.

Ces exemples, bien que très différents, se concentrent tous sur un point : vous devez bien vous connaître. Apprendre à se connaître peut sembler être un concept étrange au premier abord. Vous pourriez penser, bien sûr, que vous savez qui vous êtes. Vous êtes-vous déjà senti confus par vos propres actions ? C'est normal, et cela arrive plus souvent que les gens ne l'admettent. Apprendre à se connaître est bien plus que de savoir ce que vous aimez manger et regarder à la télévision. Il s'agit de savoir comment vous fonctionnez, mentalement. C'est savoir pourquoi votre personnalité vous pousse à faire les choses que vous faites. Apprendre à se connaître à ce niveau ne se fait pas avec le temps. Cela peut prendre des mois, voire des années, pour en arriver là. Si vous commencez maintenant, vous aurez plus de facilité à déchiffrer vos propres actions. Une personne qui maîtrise ses propres sentiments et comportements aura beaucoup plus de facilité à les traiter et à aller de l'avant. La raison pour laquelle beaucoup trouvent leur lieu de travail insupportable est souvent qu'ils se sentent piégés. Ce sentiment peut provenir du fait que vous n'aimez pas votre ligne ou votre travail ou que vous ne vous entendez pas avec vos collègues. C'est un mauvais état d'esprit que d'être dans un état où l'on attend de vous que vous donniez le meilleur de vous-même.

Bien que vous ne puissiez pas quitter votre travail pour faire un examen de conscience, il existe des moyens de mieux vous comprendre sans avoir à changer beaucoup de choses dans votre routine quotidienne. Envisagez de participer aux activités suivantes qui vous ouvriront l'esprit à ce type de connaissances:

Méditation

Selon que vous êtes à l'aise avec le silence, ce sujet peut susciter des émotions mitigées. Beaucoup de gens ne voient pas l'intérêt de rester assis à ne rien faire, mais cela peut vous aider énormément. La vie quotidienne est une chose qui ne semble jamais ralentir. En participant à une méditation régulière, vous donnez à votre cerveau la possibilité de se reposer sans être endormi. En quoi est-ce bénéfique ? Les pensées qui vous viennent à l'esprit ont tendance à remonter à la surface lorsque vous méditez. Si vous vous êtes senti agité dernièrement, en vous en prenant à vos proches sans raison apparente, vous pourriez en trouver la cause en méditant. Il n'est pas nécessaire que la séance soit longue. Si vous êtes débutant, vous pouvez essayer de vous allonger ou de rester assis sans bouger pendant des intervalles de 10 minutes. La seule chose dont vous aurez besoin est un endroit calme pour être seul avec vos pensées. Laissez votre esprit vagabonder exactement là où il le fait naturellement. Vous pourriez être surpris par les pensées qui surgissent.

Journalisation

La plupart d'entre nous ont cessé de tenir un journal régulièrement après avoir quitté l'enfance. C'est une autre façon très bénéfique de se découvrir soi-même. La tenue d'un journal est similaire à la méditation, mais elle exige de votre cerveau qu'il soit un peu plus actif. Il n'y a pas de règles quand il s'agit de noter ses pensées. Pour obtenir les meilleurs résultats, essayez de vous asseoir seul dans une pièce calme pendant environ 10 à 15 minutes pour commencer. Posez votre stylo sur la page et notez la toute première pensée qui vous vient à l'esprit. Si vous ne savez pas quoi dire, faites une liste de tout ce que vous avez fait depuis votre réveil. Des exercices simples comme celui-ci donneront à votre cerveau la stimulation dont il a besoin. Pour certains, il est plus facile d'exprimer des choses sur papier qu'à une autre personne. Le fait de disposer de ces courts enregistrements de vos pensées est un excellent moyen d'en apprendre davantage sur votre personnalité et vos comportements. Vous pouvez revenir sur vos entrées de journal et essayer de déterminer votre processus de pensée. C'est une habitude intéressante à prendre qui ne prend que peu de temps dans votre journée. Une fois que vous aurez commencé, vous trouverez peut-être du réconfort à le faire régulièrement.

Volontariat

Sortir de votre routine quotidienne et entrer dans une situation totalement différente peut être une expérience révélatrice.

Lorsque vous recherchez des possibilités de bénévolat, pensez à ce qui vous passionne. Vous pouvez aider des animaux, des enfants ou d'autres adultes qui sont dans le besoin. Non seulement c'est une façon d'en apprendre davantage sur vous-même et sur vos instincts naturels, mais vous aidez aussi d'autres personnes en cours de route. Le bénévolat est une chose extrêmement positive pour quiconque en fait au moins une dans sa vie. Travailler avec d'autres personnes est une compétence que vous ne voulez jamais cesser d'améliorer. Le fait de pouvoir voire une situation au niveau de quelqu'un d'autre fait de vous une personne avec laquelle il est plus facile de s'entendre. Lorsque vous faites du bénévolat, vous donnez votre temps et vos compétences par choix. C'est une façon pour vous d'accomplir une action désintéressée tout en accomplissant une tâche et en ayant un objectif plus large.

Amélioration des relations

En établissant un véritable sens de votre identité en tant que personne, vous serez alors en mesure de mieux comprendre vos collègues et vos supérieurs. Au lieu d'avoir à comprendre vos propres actions et celles d'une autre personne, vous pourrez observer ce qui se passe autour de vous. Créer une dynamique harmonieuse avec tout le monde peut être un défi, mais c'est un élément essentiel pour avoir un lieu de travail positif. Votre patron appréciera certainement les efforts que vous faites dans vos interactions avec vos collègues. Une entreprise ne peut pas fonctionner avec succès si les personnes qui sont chargées de la faire fonctionner se trouvent repoussantes les unes les autres.

Efforcez-vous d'avoir des relations saines avec tous vos collègues, même si vous constatez que vos personnalités s'opposent. Vous n'êtes pas obligé de sortir la relation du cadre professionnel, mais si vous le faites, vous en tirerez profit en ayant un autre ami. Cette dynamique n'a pas besoin d'être compliquée et stressante. Tant que vous exprimez clairement votre intention, les autres le reconnaîtront et auront plus de chances de vous respecter. Pour ceux qui manquent de confiance en soi, vous pouvez compenser en choisissant une cause que vous soutenez de tout cœur. Il peut s'agir de la productivité sur le lieu de travail ou de compétences de leadership saines. Quelle que soit la cause sur laquelle vous décidez de vous concentrer, vous réussirez grâce à vos efforts et à votre concentration.

Chapitre 9 : Personnalité et parentalité

Pensez à la façon dont vous avez été élevé. Les choses que vous étiez ou n'étiez pas autorisé à faire dans votre enfance ont certainement façonné votre comportement actuel en tant qu'adulte. Nous savons tous que le tempérament, la personnalité et les habitudes se forment rapidement lorsque vous êtes dans votre enfance. Être parent peut être l'une des tâches les plus difficiles mais aussi les plus gratifiantes à accomplir. Il peut être incroyablement frustrant de sentir que l'on fait de son mieux pour subvenir aux besoins de son enfant, pour se rendre compte ensuite qu'il est toujours en train de se comporter comme un adulte. Même dans ces moments-là, une bonne compréhension de la dynamique entre votre propre personnalité et celle de votre enfant peut faire toute la différence.

Essayer de comprendre

En tant que parent, il peut être instinctif de se faire une idée de ce qui est "le mieux" pour son enfant, selon son propre avis. Souvent, nous nous prenons en charge en tant qu'adultes sans réfléchir aux impacts et aux répercussions de nos actions. Le comportement que vous adoptez envers votre enfant est ce qu'il va finir par apprendre comme étant la "bonne" chose à faire. Au lieu d'imposer un ensemble de comportements à votre enfant, essayez de comprendre la façon dont il veut naturellement agir.

Si vous devez fixer des limites et des règles pour assurer sa sécurité, vous pouvez aussi prendre le temps d'observer la façon dont il choisit de faire les choses. Ce type d'éducation est une approche différente de beaucoup de méthodes traditionnelles utilisées. En laissant à l'enfant sa propre liberté de choix, vous gardez à l'esprit sa personnalité et son tempérament. N'oubliez pas qu'il s'agit de choses qui existent déjà sous la surface depuis le jour de la naissance de votre enfant.

Si vos actions façonnent effectivement la personnalité de votre enfant, il est important de tracer une ligne entre le fait d'essayer de les changer et celui de les aider à grandir. Ne laissez pas votre enfant s'adonner au gâteau avant de se coucher est une façon appropriée d'affirmer vos limites. C'est logique et cela ne change rien à sa personnalité. C'est simplement une leçon que votre enfant ne peut pas toujours obtenir ce qu'il veut. Cependant, si votre enfant veut vous aider à préparer un gâteau pour sa grand-mère, vous devriez peut-être explorer cette possibilité. Il s'agit d'un extrait de sa personnalité qui se dégage, du type de celui qui s'occupe des enfants. Il n'est pas rare que les enfants veuillent rendre le rôle de soignant aux adultes qui l'exercent. C'est une qualité merveilleuse à avoir, et chaque fois que cela est possible, vous devriez permettre à votre enfant de l'explorer. Le fait de s'occuper d'autres personnes favorise une personnalité désintéressée. Bien sûr, il faut établir des limites si le bien-être de votre enfant est en jeu, mais vous saurez quand intervenir si nécessaire.

Personnalité : L'enfant

En tant que parent, il peut être naturel de se demander pourquoi votre enfant se comporte ou se comporte mal. Vous pourriez avoir l'impression qu'il est hors de propos de voir ce comportement affiché. La vérité est que la façon dont vous choisissez d'être parent a beaucoup à voir avec la façon dont votre enfant développe sa personnalité. Si votre enfant peut recevoir vos gènes physiques, il est en fait faux de penser qu'il recevra vos gènes émotionnels. La personnalité se développe beaucoup au cours des premières années de la vie, ce qui rend l'esprit très impressionnable. Par exemple, si votre rôle de parent consiste à éviter la vérité et à raconter de petits mensonges pour limiter le comportement, votre enfant aura probablement des problèmes de confiance qui se manifesteront par des traits de personnalité.

Si vous décidez d'adopter une approche de contrôle de votre rôle parental, votre enfant pourrait finir par se rebeller à l'avenir. Ceux qui croient en une forme stricte de parentalité comme celle-ci ont tendance à élever des enfants qui ont besoin d'agir. La parentalité est une question d'équilibre, et si vous y réfléchissez bien, la façon dont vous parlez à votre enfant peut avoir un impact sur sa personnalité. À l'autre extrémité du spectre, vos actions peuvent avoir un impact positif sur votre enfant. Si vous lui enseignez des valeurs d'amour, votre enfant grandira probablement en imitant ce comportement. Beaucoup de parents ne réalisent pas à quel point leur propre comportement peut avoir une influence sur ce que leurs enfants absorbent.

Le choix d'un style parental peut être l'une des décisions les plus difficiles que vous ayez à prendre. Considérez ceci : traitez votre enfant comme un petit adulte. En fin de compte, vous devez lui témoigner du respect si vous voulez obtenir le même respect en retour. Apprenez-lui des concepts comportementaux faciles à comprendre, mais aussi de nature mature. Si vous traitez votre enfant comme un bébé, en lui permettant de s'en tirer à bon compte, vous pouvez vous attendre à ce que le même comportement se poursuive à mesure que votre enfant grandit. Bien entendu, la frontière est mince entre le respect de votre enfant et le rôle de disciplinaire. Bien que vous ne vouliez pas aborder cette question d'une manière trop dominante, votre enfant doit quand même savoir que vous êtes responsable et qu'il faut vous écouter.

Votre enfant pourrait commencer à présenter des traits de personnalité défavorables. Avant de le punir pour ce comportement, réfléchissez aux techniques parentales que vous utilisez actuellement. Cela pourrait indiquer qu'il est temps de changer. Une éducation en douceur peut fonctionner pendant les premières années, mais une approche plus sévère peut s'avérer nécessaire à mesure que la personnalité de votre enfant se développe. L'éducation des enfants est une longue série d'essais et d'erreurs jusqu'à ce que vous arriviez à la bonne conclusion. Sachez que si votre enfant commence à passer à l'acte, cela ne signifie pas que vous êtes un mauvais parent. Comme vous l'avez découvert, il existe de nombreux types de personnalité différents qui fonctionnent de manière unique. Il en va de même pour les enfants en pleine croissance.

Personnalité : Le parent

En tant que parent, lorsque vous êtes dans le confort de votre propre maison, vous pouvez montrer un côté différent de votre propre personnalité. Nous avons tous tendance à être plus détendus lorsque nous sommes dans un environnement familier. Pensez à la façon dont vous disciplineriez votre enfant à l'épicerie par rapport à la maison. Il est probable que votre voix sera plus calme et que vous voudrez faire moins de scène. Pour l'essentiel, vous devez avoir un style parental qui peut fonctionner aussi bien en public qu'en privé. Il est important que vous appreniez à votre enfant la différence entre les comportements qui peuvent n'être appropriés qu'à la maison et les comportements qui causeront des perturbations en public. Beaucoup de parents redoutent d'emmener leurs enfants au restaurant ou dans un magasin de détail à cause de ce dilemme. Il se peut que votre enfant se comporte bien avant de quitter la maison, mais qu'il fasse une crise de colère dès votre arrivée à destination.

De votre côté, vous devez faire preuve de beaucoup de patience. Votre enfant ne sera pas capable d'apprendre ces choses si vous ne lui apprenez pas. En fonction de votre propre type de personnalité, la patience sera soit très facile à trouver, soit un peu un défi personnel. Quoi qu'il en soit, c'est à vous qu'il incombera de maîtriser cette aptitude. La flexibilité est également un trait de personnalité important à conserver en tant que parent. Vous devez être capable de suivre le cours des choses et d'accepter que les choses ne se passent pas comme prévu au départ. C'est l'essence même de la parentalité : être capable de faire face à l'inconnu. Les types de personnalité jouent un rôle important dans le style parental choisi.

Les types INFP, INTP et ESFP sont les gardiens des types de personnalité. Ils aiment mettre de l'ordre dans la vie et sont souvent les types de personnalité des parents au foyer. C'est une statistique intéressante à laquelle il faut réfléchir. Tous trois ont une chose en commun, et c'est le trait de perception. Pour rappel, ce type d'individus est plus à l'aise avec les choses qui se révèlent spontanées. Ils sont capables d'agir dans des circonstances inconnues tout en ayant le sentiment de contrôler leur propre vie. Sur le plan extérieur, ils sont capables de rester décontractés et ils ont souvent le plus d'énergie parmi tous les types de personnalité. Comme vous le savez, ce type d'énergie facilitera grandement l'éducation des enfants. Pour ce qui est de la confiance en tant que parent, les personnes ayant un type de personnalité extraverti ont une bien meilleure opinion d'elles-mêmes que celles qui sont introverties. L'ESFJ et l'ESTJ considèrent tous deux que leurs compétences parentales sont précieuses. Vous pouvez voir ici que les deux types de personnalité sont très similaires, ne différant qu'au niveau des sentiments et de la pensée.

Si l'on examine une autre statistique intéressante, on constate que les types de personnalité INTJ, ISTP et ISTJ sont parmi les premiers à dire qu'ils n'ont pas d'enfants et n'en veulent pas. Les chercheurs pensent que l'aspect introverti de leurs types de personnalité pourrait avoir un rapport avec cette conclusion. Ceux qui sont plus réservés ont tendance à se sentir nerveux à l'idée d'être responsables d'un enfant et de tout le parentage qui accompagne l'enfance. Cela ne veut pas dire pour autant que ces personnes ne feraient pas de bons parents. Tous trois ont des traits de caractère très précieux qui entreraient certainement en jeu s'ils décidaient d'avoir des enfants. En ce qui concerne ceux qui sont déjà les plus susceptibles d'avoir des enfants, l'ESFJ et l'ESFP sont en tête de liste. Ce sont deux types de personnalités très fortes et très similaires. Vous remarquerez que tous deux ont des traits de personnalité extravertis.

Comment améliorer la parentalité

Si vous voulez devenir un meilleur parent pour votre enfant, l'une des premières étapes sera interne. Vous devez être capable d'identifier qui vous êtes en tant que personne et le niveau auquel vous opérez. S'il vous est difficile de vous comprendre, vous pouvez alors imaginer à quel point votre enfant peut devenir confus. Sachez ce que vous appréciez et ce qui ne vous convient pas ; en commençant par une base solide comme celle-ci, vous pourrez établir des règles et des lignes directrices claires qui s'y conformeront. Envoyer à un enfant des informations contradictoires ne donnera jamais de bons résultats. Cela ne fait que semer la confusion et laisse place à la méfiance à l'avenir. L'une des meilleures règles en matière d'éducation des enfants consiste à penser ce que vous dites et à dire ce que vous faites. Si vous avez l'intention de sanctionner un comportement que vous jugez inacceptable, vous devez vous y tenir. Cela crée un sentiment ferme de discipline dans la vie de votre enfant. Cette structure devient importante à mesure que votre enfant grandit. Il en va de même si vous promettez une récompense. Le meilleur moyen d'instaurer la confiance et de créer un sentiment de stabilité est de poursuivre les choses.

Surmonter votre ego est une autre chose importante que vous devez faire si vous voulez améliorer vos techniques parentales. Élever un enfant peut être incroyablement frustrant et difficile parfois. Il est important, en tant qu'adulte, de pouvoir admettre que vous avez tort. Vous devez faire savoir à votre enfant que vous faites parfois des erreurs et qu'il est normal de le faire. Personne n'est invincible, alors veillez à le lui apprendre dès le début. Avoir une perception décente de la réalité sera bien meilleur pour vos parents que d'utiliser des techniques basées sur des circonstances fausses. Les enfants comprennent très bien les choses, à condition que vous puissiez les leur expliquer de manière claire et concise. Cela peut s'avérer difficile pour ceux dont le type de personnalité tourne autour de l'imagerie de concepts abstraits. Si vous n'êtes pas fermement ancré dans la réalité, des centaines de possibilités peuvent se présenter. C'est formidable pour un enfant de pouvoir faire appel à son imagination, mais prendre des décisions importantes en se basant sur cette logique aura probablement des effets négatifs.

Si votre enfant éprouve des difficultés avec votre approche parentale actuelle, il vous faudra peut-être simplement décomposer les concepts de manière plus simple. Pousser à donner trop d'informations sur un enfant peut parfois être accablant. Certains types de personnalité s'articulent autour de schémas de pensée complexes. Si vous êtes l'une de ces personnes, sachez que vous devrez peut-être parfois décomposer les choses pour qu'elles aient un impact sur votre enfant. Essayez de vous en tenir aux choses que vous savez être essentielles à la croissance du comportement. Si vous constatez qu'une approche ne fonctionne pas, arrêtez-la complètement et essayez-en une autre. Si vous en essayez trop à la fois, non seulement ce sera inefficace, mais il sera également difficile de dire lesquelles fonctionnent et lesquelles ne fonctionnent pas. Les enfants sont très sensibles à ce que vous ressentez ; ils seront capables de sentir si vous êtes frustré ou contrarié. C'est alors que votre propre contrôle de soi entrera en jeu. Vous ne devez pas vous censurer au point de mentir à votre enfant, mais vous devez limiter votre comportement si vous constatez qu'il a un impact négatif sur celui de votre enfant.

Chapitre 10 : Comment identifier les types de personnalité

Maintenant que vous avez passé tout ce temps à vous familiariser avec les différents types de personnalité, vous voudrez probablement mettre vos connaissances à l'épreuve. Analyser les gens peut être une expérience intéressante. Vous serez probablement en mesure de reconnaître facilement ceux qui ont un type de personnalité similaire au vôtre, mais aussi ceux qui agissent de manière totalement opposée. Identifier ce qui se situe au milieu peut être plus difficile. On peut observer beaucoup de choses si vous cherchez à classer le type de personnalité de quelqu'un. Vous pouvez examiner ses traits physiques, la façon dont il se présente dans une pièce, la façon dont il réagit à des situations stressantes, le plaisir qu'il prend dans ses interactions sociales, et bien d'autres choses encore. Par où commencer ?

Langage corporel

On peut apprendre beaucoup sur une personne si on étudie sa communication non verbale. Comme vous le savez, les émotions peuvent être lues sur le visage d'une personne si vous regardez ce que font ses traits. Un simple croisement des bras peut indiquer une approche hostile, tandis qu'un sourire chaleureux et des épaules ouvertes peuvent dire exactement le contraire. Lorsque vous commencez à déchiffrer le type de personnalité d'une personne, regardez d'abord ce qui n'est pas dit. Ces réponses se produisent souvent naturellement, au point qu'une personne ne peut pas les censurer. Certaines personnes sont très faciles à lire et portent leurs émotions sur tout le visage. D'autres peuvent mieux les dissimuler.

Les yeux vous diront la plupart des choses que vous devez savoir. Faites attention à la façon dont les sourcils encadrent les yeux. Sont-ils levés ou baissés ? Sont-ils plissés par inquiétude ou par tristesse ? La plupart des gens, aussi réservés soient-ils, communiquent beaucoup derrière leurs yeux. Lorsque vous parlez à la personne, est-ce qu'elle vous regarde directement dans les yeux ? Détourne-t-elle fréquemment le regard lorsqu'elle vous parle ? Il est fréquent que les extravertis apprécient un contact visuel prolongé alors que les introvertis sont mal à l'aise à l'idée d'un tel contact. Les extravertis sont également plus susceptibles d'exagérer avec leurs indices non verbaux, tandis que les introvertis préfèrent être un peu plus pensifs.

Les mains peuvent également en dire beaucoup sur une personne. Que fait la personne avec ses mains ? S'agite-t-elle nerveusement ? Place-t-elle ses mains fortement sur ses hanches ? Cette action peut vous indiquer comment la personne se sent par rapport à la situation donnée. En période de stress, certaines personnes choisissent de se tordre les mains afin d'évacuer une partie de la tension. Vous avez peut-être aussi remarqué que lorsqu'une personne se met vraiment en colère, ses poings se mettent naturellement en boule. Une autre façon d'évaluer le comportement consiste à lui serrer la main. Notez si la poignée de main est ferme ou douce. Les personnes qui ont plus confiance en elles auront probablement une poignée de main plus ferme. Ces personnes vous regarderont probablement aussi directement dans les yeux lorsque vous leur serrerez la main. Les extravertis parleront normalement beaucoup avec leurs mains. Comme ils ont besoin de faire des gestes plus importants et d'exagérer certains points, l'utilisation des mains pendant que vous parlez peut-être une forme supplémentaire d'expression de soi. Si vous n'avez jamais remarqué la position des mains de quelqu'un, vous trouverez probablement cela très intéressant lorsque vous commencerez à le faire.

Lorsque vous regardez une personne, observez comment elle se tient. Son corps est-il directement face à vous ? Est-il détourné ? Ses épaules sont-elles larges et ouvertes ou sont-elles plus fermées ? Tous ces facteurs peuvent indiquer quelque chose sur les traits de personnalité. Si une personne est mal à l'aise dans une situation, elle aura probablement l'une des deux réponses suivantes : elle deviendra plus petite ou elle essaiera de paraître plus grande. C'est la réaction de fuite ou de vol en action. Se faire paraître plus grand que ce qui vous met mal à l'aise est une action primitive que les humains font depuis des siècles. Cela peut procurer un sentiment de sécurité, même lorsque la personne ne se sent pas très sûre d'elle. Si quelque chose ne lui plaît pas, sa position peut en être le reflet en devenant plus fermée ou plus méprisante. Lorsque quelque chose n'est pas aussi excitant ou attrayant, le corps a tendance à se détendre davantage. Cette action peut être une révélation de l'ennui ou du mépris.

Réponses

Prenez note de la rapidité avec laquelle une personne répond à une question. Cela peut être un indice important pour identifier le type de personnalité auquel vous avez affaire. La personne répond-elle tout de suite, apparemment avant d'avoir réfléchi à toutes les options possibles ? Y a-t-il une légère pause, un moment d'hésitation avant d'arriver à une conclusion finale ? Ceux qui ont besoin de prendre un peu plus de temps sont très probablement des introvertis. Si vous avez déjà remarqué quelqu'un qui parle à haute voix de toutes les options, il s'agit probablement d'une personnalité extravertie qui est régie par le jugement. Le recours à la logique pour en arriver à ce point va être très logique pour une personne possédant ces traits. Une autre chose que vous pourriez remarquer est la décision d'une personne de répondre en premier ou en dernier. S'il s'agit d'une discussion de groupe, un extraverti n'aura probablement aucun problème à être le premier à répondre, même si les autres attendent. Comme l'introverti a besoin d'un peu plus de temps pour réfléchir, il répondra généralement en dernier.

Le langage utilisé lors d'une réponse est un élément auquel il faut également prêter attention. Ceux qui ont un cerveau logique parlent normalement comme si ce qu'ils disaient était quelque chose de factuel. Grâce à la considération qu'ils ont déjà prise, ils auront la confiance nécessaire pour aborder les choses d'un point de vue factuel. D'autres peuvent exprimer que leur réponse est simplement un "et si", ou une théorie. Les penseurs abstraits aiment se fier à leur imagination pour arriver à une conclusion. Bien sûr, il existe aussi des types de personnalité qui s'appuient un peu des deux lorsqu'ils répondent à une question. Les penseurs critiques aiment fournir de longues réponses. Ils aiment examiner des informations et passer en revue des concepts avec d'autres personnes. Lorsqu'une personne réfléchit sur la base de concepts plutôt que de faits, elle peut fournir des déclarations incomplètes lorsqu'elle décide de répondre.

Conscience

La façon dont une personne prend ses décisions permet d'évaluer ses traits de personnalité, qu'ils soient intellectuels ou affectifs. L'individu réfléchit-il à la manière dont les autres pourraient être affectés par sa décision ? Les personnes qui sont du type à ressentir sont certainement attentives à la façon dont les autres vont réagir au résultat. Même s'il s'agit d'une décision de nature personnelle, votre type de sentiment typique va quand même tenir compte des autres personnes avant d'arriver à une conclusion finale. Ce type d'altruisme peut être une grande qualité à posséder. Après tout, faire passer les autres en premier est une chose courageuse à faire. Mais cela peut aussi être préjudiciable. Sans se soucier beaucoup de soi-même, le type de sentiments peut prendre des décisions qui ne reposent que sur le bien-être des autres. Il faut un équilibre pour obtenir le bon mélange de considération et de pragmatisme.

Le type "réflexion" croit que quoi qu'il arrive, cela arrive. Cette personne va probablement se rendre compte que si elle doit s'adapter à une situation, les autres ne devraient pas avoir de problème à s'y adapter aussi. Cela ne signifie pas que les penseurs manquent de considération, mais plutôt que leurs priorités sont un peu différentes. Ils ont tendance à voir les choses en noir et blanc - un problème avec une solution. Il n'y a normalement pas de place pour eux pour participer à une réflexion sur les zones grises. Ces personnes seront probablement très directes lorsqu'elles communiqueront, n'essayant pas de ménager leurs sentiments. Là encore, ce n'est pas parce qu'ils sont naturellement méchants, mais parce qu'ils croient simplement qu'il faut dire les choses telles qu'elles apparaissent.

Bien sûr, certaines personnes peuvent montrer un mélange des deux qualités. À en juger par les graphiques du chapitre précédent, vous pouvez voir que certains types de personnalité peuvent avoir des traits qui se chevauchent. Faites de votre mieux pour juger des premières réactions immédiates des gens. Le tout premier instinct vous en dira normalement le plus sur une personne que vous essayez de comprendre. La même règle peut aussi s'appliquer à votre propre comportement si vous essayez de vous analyser. Considérez quel est votre premier instinct dans une situation donnée. Pensez-vous au résultat et à la façon dont il affectera les autres ou au résultat et à la façon dont il vous affectera vous-même ? La pensée de la façon dont les autres vont le gérer vous inquiète-t-elle ? Êtes-vous capable d'arriver à la conclusion facilement, sans culpabilité sur votre conscience ?

Changement

Nous avons tous des réponses assez uniques lorsqu'il s'agit du thème du changement. Il en est ainsi parce que le changement est normalement hors de notre contrôle. Un changement soudain et la réaction qu'il suscite peuvent vous en apprendre beaucoup sur une personne. Il y a normalement quelques réactions : la personne n'a pas de problème avec le changement et peut continuer normalement, la personne résiste au changement et suggère d'autres alternatives ou la personne est mal à l'aise avec le changement et cela cause de la détresse. Quelle est votre place dans ce spectre ? Un type de perception sera probablement mal à l'aise face au changement. Cette personne aime avoir le contrôle de la situation, vous la verrez donc probablement rejeter d'autres suggestions. Il peut se sentir contrarié ou offensé si les autres personnes n'acceptent pas ses suggestions.

Le type qui juge n'aime pas revenir sur des plans qui semblent déjà gravés dans le marbre. Cette personne fera probablement pression pour obtenir le plan initial, en expliquant qu'il n'est pas logique de le modifier maintenant. Il s'agit en fait d'un mécanisme de défense pour cacher qu'il n'est pas à l'aise avec la façon dont la situation se déroule. D'un autre côté, un type de juge pourrait aussi accepter le changement et souffrir en silence, ne voulant pas attirer l'attention sur le fait qu'il ne peut pas le gérer. Ce type de personne envisagera de nombreuses options différentes, mais une fois que quelque chose a été décidé, l'individu ne voudra pas que d'autres changements se produisent.

C'est un exemple intéressant de types de personnalité à prendre en considération. Il explique également beaucoup de choses lorsqu'il s'agit de résoudre des conflits. Vous êtes-vous déjà battu avec quelqu'un qui s'énerve pour ce qui semble n'être rien ? Vous pouvez voir comment certaines personnes s'accrochent aux choses alors que d'autres ont la capacité de lâcher prise et de suivre le mouvement. Tout se résume à la façon dont nous sommes câblés, et sans aucun type de résolution, vous allez probablement vous heurter à ceux qui pensent différemment.

Sachez que c'est quelque chose qu'une personne ne peut pas facilement changer. Prenez-vous comme exemple. Que pensez-vous du changement ? Si quelqu'un vous disait de ressentir l'inverse d'une situation, seriez-vous capable de le faire en un instant ? Probablement pas. Devenir une personne plus tolérante est une chose que vous pouvez faire pour rendre les choses un peu plus faciles.

Comment classer la personnalité et le tempérament

Vous devriez maintenant être très familier non seulement avec les différents types de personnalité, mais aussi avec les différents types de tempérament. Les deux peuvent en fait être regroupés et classés en 4 types supplémentaires qui vous aideront à identifier le fonctionnement de quelqu'un. Ces types sont les Or, les Rouges, les Verts et les Bleus. Vous trouverez ci-dessous une ventilation des traits de caractère de chacun d'entre eux:

Ors

Les personnes qui considèrent les événements qui se produisent dans le présent comme des éléments constitutifs de l'avenir sont classées dans la catégorie "Or". Il s'agit normalement d'un type de personnalité qui sent et juge. Ces personnes n'aiment généralement pas le changement et feront tout ce qui est en leur pouvoir pour rester dans un programme cohérent. Ils prennent sur eux de s'assurer que tout est en ordre, de la vie familiale aux responsabilités professionnelles. Le rôle de tuteur est celui qu'ils aiment assumer, en s'occupant des autres.

Rouges

Ces personnes assument un rôle d'Artisan. Les Rouges, qui ont une personnalité plus erratique, aiment s'occuper de plusieurs petits problèmes à la fois. Au lieu de se concentrer sur une chose à la fois, cet individu est capable de faire plusieurs choses à la fois, ce qui peut être à la fois une bénédiction et une malédiction. Lorsqu'il s'agit de résoudre des problèmes, les Rouges préfèrent résoudre les choses immédiatement plutôt que de passer une minute de plus à s'occuper d'un problème non résolu. C'est un type d'individu qui ressent et perçoit les choses. Les personnes qui entrent dans cette catégorie ne créent normalement pas de plan directeur pour faire avancer les choses. Au lieu de cela, ils semblent prendre les choses de front.

Verts

Ce type de personnalité est l'un des plus stables que vous puissiez trouver. Ils aiment penser logiquement tout en incorporant des capacités de raisonnement dans le mélange. Ils ont beaucoup de patience, plus que la plupart des gens. En faisant un excellent travail de hiérarchisation de leur temps, les Verts s'assureront qu'ils savent comment répartir leurs responsabilités. C'est pourquoi vous verrez que les Verts seront probablement de grands travailleurs dans presque tous les domaines. Ils font également d'excellents étudiants qui ont une grande capacité à étudier et à suivre le travail scolaire. Convaincus qu'il existe toujours une manière systématique de gérer une situation, vous verrez ce type de personnalité utiliser leurs méthodes tant dans la vie personnelle que professionnelle.

Bleues

Ce type a la conscience la plus forte des 4. Une personne qui appartient à cette catégorie se fiera très probablement beaucoup à son intuition pour comprendre les difficultés. Afin de savoir qu'elle prend la meilleure décision possible, cette personne s'arrêtera et réfléchira à toutes les possibilités (tant réalistes qu'abstraites) afin de faire le bon choix. Il apprécie un véritable sens de l'authenticité et préfère n'interagir qu'avec des personnes qui peuvent faire preuve de la même chose en retour. Il s'agit d'un type de personne plus sensible, qui a tendance à se replier sur lui-même dans les moments de grande importance.

Chapitre 11 : Comment changer votre personnalité

L'amélioration de soi est une excellente chose sur laquelle il faut se concentrer. Elle peut vous permettre d'en apprendre davantage sur vous-même tout en améliorant vos traits positifs. Beaucoup de gens ont le désir de changer, mais au bout du compte, ils ne font aucun pas dans la bonne direction. N'oubliez pas que votre personnalité est une chose avec laquelle vous êtes né. Bien que vous ne puissiez pas vous en débarrasser pour toujours, vous pouvez certainement apprendre d'autres comportements que ceux dont vous aimeriez vous débarrasser. En vous concentrant sur ce changement, vous aurez non seulement un impact sur votre vie, mais vous pourrez aussi influencer ceux qui vous entourent. Personne n'aime être entouré d'une personne malheureuse, alors si vous pensez que votre personnalité a besoin d'un peu d'énergie, suivez les conseils suivants pour faire ce changement.

Apporter des changements réalistes

Sachez que lorsque vous "changez" votre personnalité, ce que vous recherchez réellement, c'est une amélioration. Il est presque impossible d'apporter des changements durables, surtout si vous êtes arrivé à ce stade de votre vie avec la même personnalité. Il est possible de modifier certains comportements, mais cela demande un certain travail. Le fait de savoir que vous allez apporter des améliorations plutôt que de changer entièrement votre personnalité va vous aider beaucoup. Ceux qui pensent pouvoir se changer complètement, ou même changer les autres, finissent par être beaucoup plus déçus lorsqu'ils réalisent que ce n'est pas possible. Cela se produit souvent dans les relations. Peut-être avez-vous déjà été dans une situation où vous aimez quelqu'un mais où son comportement est défavorable. Vous avez peut-être cru que vous pouviez l'améliorer, en ne lui donnant que des exemples positifs et en le guidant dans la bonne direction. Cela vous aiderait certainement, mais en fin de compte, nous sommes tous assez enracinés dans nos traits de personnalité originaux.

Vous ne devez pas vous décourager lorsqu'il s'agit de changer votre propre personnalité. Personne ne vous connaît mieux que vous ne vous connaissez vous-même, il est donc logique que vous soyez en mesure de vous guider dans ces changements. Tant que vous restez réaliste au cours du processus, vous devriez pouvoir constater des améliorations notables. Par exemple, si vous restez debout très tard dans la nuit à regarder la télévision et à manger, c'est une habitude que vous pouvez changer. Devenir une personne du matin qui fonctionne mieux pendant la journée sera difficile, mais cela peut certainement changer un aspect de votre personnalité. Pour ce faire, vous devrez compter sur votre volonté et votre autodiscipline. Il s'agit d'une approche réaliste visant à modifier un certain aspect de votre personnalité pour le mieux. Grâce à ce repos supplémentaire, vous pourrez accomplir davantage de choses dans la journée. Vous dormirez aussi probablement mieux, car vous ne mangerez pas de grandes quantités de nourriture à des heures indues. Il est beaucoup plus facile de suivre les changements lorsque vous les rendez réalisables pour vous-même.

Considérez les facteurs

Selon ce que vous souhaitez changer en vous, vous devrez tenir compte des facteurs qui entrent en jeu et qui déclenchent le comportement. Ces facteurs peuvent être environnementaux, sociaux ou même physiques. La plupart du temps, changer d'environnement sera très efficace lorsque vous aurez le désir de modifier votre comportement. Sans même que nous nous en rendions compte, l'environnement a beaucoup à voir avec notre façon d'agir. La bonne nouvelle, c'est que la plupart du temps, l'environnement peut être contrôlé. Imaginez que vous faites la queue dans une épicerie. Vous pouvez vous sentir impatient, et quand vous arrivez enfin à la caisse, vous lui criez dessus à cause de votre frustration. C'est quelque chose sur lequel vous pouvez certainement travailler.

Au lieu de diriger votre colère vers d'autres personnes, réfléchissez aux raisons de votre colère. Il se peut qu'il y ait beaucoup de bruit et que d'autres personnes vous entourent.

Peut-être que quelqu'un a coupé la file, ce qui vous fait attendre encore plus longtemps. Bien que ces choses soient irritantes, ce n'est pas la faute du caissier. Pouvoir penser clairement et rationnellement peut vous aider à ne pas vous en prendre à d'autres personnes qui ne le méritent pas. Pour lutter contre cela, vous pourriez peut-être faire des exercices de respiration. Des distractions, comme des jeux sur votre téléphone, pourraient également vous aider pendant que vous faites la queue. Il y a toujours une meilleure alternative si vous avez la patience de la rechercher.

Comme mentionné, vous pouvez modifier votre environnement afin de limiter votre comportement. Peut-être pouvez-vous faire vos courses plus tôt ou plus tard dans la journée afin d'éviter les périodes de pointe. Vous pouvez également décider d'aller dans un autre magasin, plus petit, si vous voulez éviter la foule. Vous avez de nombreuses possibilités pour atteindre le même objectif d'achat de produits d'épicerie. La plupart des problèmes peuvent être résolus avec une solution similaire. Tant que vous êtes capable de déterminer ce qui vous cause de la détresse, vous devriez également être en mesure de trouver des solutions pour la changer.

Un autre exemple serait que vous perdiez facilement patience avec votre proche. Peut-être avez-vous une conversation normale et vous en arrivez à un point où vous n'êtes pas d'accord avec une opinion. Au lieu d'en faire un combat à part entière, vous pouvez apprendre à mettre de côté vos différences. Cela peut se faire en écoutant ce que votre partenaire a à dire, en exprimant votre opinion, puis en allant de l'avant. Un facteur important qui rend beaucoup de gens intolérants au changement est l'incapacité à progresser. La plupart d'entre nous restent bloqués sur certaines questions pendant bien trop longtemps. Il est vrai que la capacité à lâcher prise semble plus facile qu'elle ne l'est en réalité. Si vous cherchez à changer cet aspect de votre personnalité, vous pouvez y travailler en restant calme et en résolvant les problèmes avant que la frustration ne prenne le dessus.

Casser les mauvaises habitudes

Qu'est-ce qui définit une mauvaise habitude ? Nous en avons tous, mais nous pouvons ne pas être d'accord sur ce qui correspond à la description. En ce qui concerne votre personnalité, une mauvaise habitude est tout ce qui vous pousse à réagir négativement. Exprimer ses sentiments est une chose importante, mais le faire de manière saine peut faire toute la différence. Si vous essayez de devenir une personne plus ouverte d'esprit, vous devez analyser votre propre comportement. Quelles sont les habitudes que vous remarquez dans votre routine quotidienne ? Peut-être êtes-vous intolérant au changement. Une autre façon d'identifier ces habitudes est de demander à une personne qui vous est proche. Une personne ayant un point de vue tiers pourrait vous ouvrir les yeux pour que vous puissiez parler de votre propre comportement. Il y a des choses dont vous ne vous rendez peut-être pas compte tant qu'elles ne sont pas portées à votre attention par d'autres personnes.

Personne n'est parfait, et nous avons tous des habitudes qu'il faudrait probablement changer. La prise d'une nouvelle habitude peut prendre beaucoup de temps, alors ne vous découragez pas de continuer à prendre l'ancienne. Une habitude peut être quelque chose que vous avez appris dans votre enfance, et cela peut signifier plusieurs années de comportement identique. Elle devient une seconde nature à un certain moment. En tant qu'adultes, nous devons vraiment faire un effort si nous voulons voir un changement dans notre propre comportement. Se fixer des objectifs peut s'avérer très gratifiant une fois que l'on commence à remarquer le changement. N'abandonnez pas, et entourez-vous de personnes qui vont vous soutenir.

Vous devrez peut-être réfléchir aux personnes avec lesquelles vous passez le plus de temps. Si vous constatez que vos efforts ne font pas une grande différence, vous êtes peut-être influencé par des sources extérieures. Même si vous êtes une personne aimable et attentionnée, le fait de traîner avec des personnes incroyablement égoïstes finira par avoir un impact négatif sur vous. Qu'ils vous stressent ou qu'ils finissent par vous enseigner de mauvaises habitudes, il est probablement préférable de vous tenir à l'écart de ceux qui n'ont rien de positif à ajouter à votre vie. Cette décision peut être très difficile à prendre, et elle peut potentiellement provoquer des dissensions. Mais si quelque chose est important pour vous, vous serez prêt à faire le sacrifice.

Entourez-vous de bonnes personnes

Lorsque nous apprenons quelque chose de nouveau, c'est souvent à partir d'exemples concrets que nous sommes le plus réceptifs. On peut en dire autant des traits de personnalité et des habitudes comportementales. Le fait d'être entouré de personnes auxquelles on aimerait ressembler est un bon moyen d'encourager de nouveaux comportements. Comme mentionné, si vous êtes entouré de personnes inconsidérées, il est probable que ce comportement déteindra sur vous. Entourez-vous de personnes qui possèdent les traits que vous essayez d'atteindre. Il peut également être bon d'avoir une sorte de mentor. Cela peut vous épargner une grande partie du stress lié à la compréhension des différents types de personnalité. Si vous avez quelqu'un qui se consacre à vous aider à devenir la meilleure version de vous-même que vous puissiez être, c'est comme si le poids de la tâche pouvait être réparti entre vous deux.

Un mentor peut être toute personne que vous jugez digne de vous. Il ne doit pas nécessairement s'agir d'un membre de la famille plus âgé ou d'un thérapeute (mais ce sont de bons choix si vous en décidez ainsi). Pensez à votre groupe d'amis. Y a-t-il quelqu'un que vous admirez lorsqu'il s'agit d'avoir des traits de personnalité étonnants ? Essayez de passer plus de temps en tête-à-tête avec cette personne. Soyez ouvert à des conversations constructives. Plus vous serez ouvert d'esprit, plus vous aurez de chances de reprendre certaines de ces habitudes. N'ayez pas peur de poser des questions et de demander de l'aide. Vous avez peut-être la mauvaise habitude d'interrompre les gens. En disant cela à votre mentor, vous avez maintenant deux personnes pour vous tenir responsable.

Si vous ne voulez pas que votre mentor soit quelqu'un que vous connaissez déjà, il existe de nombreux groupes de soutien auxquels vous pouvez vous joindre. L'auto-amélioration n'est pas un sujet rare. Tant de personnes s'efforcent quotidiennement d'atteindre ce même objectif. Grâce à un groupe de soutien, non seulement vous pourrez rencontrer certaines de ces personnes, mais vous pourrez aussi partager vos expériences avec des personnes qui pourront s'identifier à vous. Au fil du temps, vous pourrez même jouer le rôle de mentor pour quelqu'un d'autre.

Conclusion

Si une chose est sûre, il peut être difficile de décrire avec précision une personnalité. Que ce soit votre propre personnalité ou celle de quelqu'un d'autre, ces comportements sont constitués de traits uniques qui se forment au fil du temps. Votre personnalité est comme l'épine dorsale de ce que vous êtes en tant que personne. Elle donne aux autres une idée de qui vous êtes, et vous permet d'étudier pourquoi vous agissez comme vous le faites. S'analyser soi-même peut souvent être une expérience stressante, mais étant donné les différents tests de personnalité que vous pouvez passer, vous seriez probablement surpris de vos résultats. Composé de 4 lettres acronymes, chacun des 16 types de personnalité vous donnera une image différente dans votre tête. Vous êtes introverti/extraverti, sensible/intuitif, sensible/pensé et juge/percevant. Ce sont les éléments qui composent une personnalité

Bien sûr, le tempérament joue également un rôle dans le comportement. Votre tempérament commence à se développer dès le moment où vous êtes né. Vous pouvez être calme et doux, instable et tatillon. En grandissant, il se transformera en quelque chose de plus important. Parmi tous les différents types de tempérament, il y en a 4 principaux que les gens ont tendance à négliger : Sanguin, flegmatique, colérique et mélancolique. Si l'on considère le tableau d'ensemble, un individu a un type de personnalité et un type de tempérament, ce qui laisse la place à de nombreuses combinaisons de comportements et d'habitudes. Ce qui est intéressant dans tout cela, c'est que chaque personne naît avec un certain ensemble de traits.

En plus de tout cela, les niveaux de sensibilité entreront en jeu. Ils sont assez simples, soit vous êtes sensible, soit vous ne l'êtes pas. Bien que ce soit un concept simple, être sensible peut faire beaucoup pour vos comportements qui sont déjà établis. Un introverti sensible peut avoir du mal à communiquer avec les autres personnes d'un grand groupe. Un extraverti sensible peut éprouver de l'empathie pour chaque personne qu'il rencontre. Tout cela peut varier en fonction de la personne, de la situation et de l'environnement. Il peut y avoir beaucoup d'informations à prendre en considération lorsque vous essayez de mieux comprendre la personnalité d'une personne.

Impacts de la personnalité

Dans toute situation donnée, nos personnalités ont la possibilité de s'exprimer. Cela inclut le lieu de travail, les relations amoureuses et même les relations parentales. Dans tous ces cas, nous devons prendre des décisions et agir. La façon dont vous fonctionnez a beaucoup à voir avec votre type de personnalité. Vous pourriez constater que votre personnalité vous fait travailler plus dur parce que vous aimez vous fier à votre intuition alors que d'autres gravitent autour de la logique. Votre partenaire aime peut-être sortir le week-end, mais vous préférez rester à la maison et regarder des films. Lorsque votre enfant vous donne du fil à retordre, vous avez tendance à céder parce que vous êtes débordé lorsque vous devez prendre des décisions sur place. Ce sont tous des exemples d'événements normaux de la vie qui sont motivés par votre type de personnalité.

Pour mieux comprendre comment tout cela fonctionne, vous devez commencer par avoir une bonne compréhension de votre propre personnalité. Prenez le temps de participer à l'autogestion de votre santé. Comme nous l'avons mentionné, des activités telles que la méditation et la tenue d'un journal peuvent vous permettre d'ouvrir votre esprit lorsque vous essayez de découvrir ces parties de votre personnalité. Il peut être plus facile de porter un jugement sur les autres, mais si vous ne comprenez pas d'abord la source de vos propres comportements, il est alors inutile d'analyser les autres. N'ayez pas peur de vous remettre en question ; demandez-vous pourquoi vous faites les choses que vous faites. Après avoir étudié votre comportement pendant un certain temps, vous pourriez commencer à voir des schémas et les racines de certains traits.

Si vous comprenez votre mode de fonctionnement, il vous sera plus facile d'apporter des changements si nécessaire. Arriver au point où vous réalisez que vous n'êtes qu'un être humain et que vous faites des erreurs est une expérience qui vous rendra humble. Si vous avez le sentiment que votre comportement est négatif, vous pouvez travailler à le changer. Non seulement vous vous sentirez mieux dans votre peau, mais les gens dans votre vie commenceront aussi à s'en rendre compte. Il faut beaucoup travailler sur soi-même sans qu'on vous le demande au préalable. On peut ressentir un grand pouvoir en prenant la décision par soi-même et en réussissant ensuite à freiner son comportement. Réfléchissez aux moyens d'améliorer votre personnalité dès maintenant. Il s'agit d'objectifs réalisables que vous pouvez vous efforcer d'atteindre.

Comprendre les autres

En utilisant la même forme d'analyse, vous pouvez étudier d'autres personnes afin de mieux les comprendre. Il n'est pas nécessaire d'aller en profondeur, il suffit de faire appel à votre sens de l'observation. Une fois que vous en saurez plus sur les différents types de personnalité, il vous sera plus facile d'y affecter des personnes. Vous en savez probablement déjà beaucoup sur les comportements introvertis et extravertis. C'est l'un des traits de caractère les plus faciles à définir. Soyez attentif aux personnes qui se trouvent dans un contexte social. Lorsque vous essayez de comprendre un individu en particulier, prenez note du niveau de participation qui se produit. Cette personne est-elle la première à parler ou la dernière ? Parle-t-elle avec confiance ou est-elle discrète ? Aime-t-elle se tenir dans une foule ou préfère-t-elle être dans un cercle plus restreint ? Tous ces éléments peuvent vous aider à définir cet aspect de la personnalité.

Une fois que vous serez plus à l'aise pour identifier les autres traits, vous pourrez appliquer le même principe. Il n'est pas aussi difficile qu'il y paraît de comprendre les gens, tant que vous êtes capable de décomposer les comportements. Gardez à l'esprit que certaines personnes sont également plus ouvertes que d'autres. Certaines sont comme des livres ouverts, expressives et audacieuses sur la façon dont elles se présentent. D'autres peuvent prendre un peu plus de temps pour s'en rendre compte, ne se sentant à l'aise qu'une fois la confiance établie. Pour cela, il faut faire preuve de patience. Vous devrez beaucoup compter sur votre patience lorsque vous lirez la personnalité de quelqu'un. Ce n'est pas parce que vous ne pouvez pas déchiffrer le code immédiatement que c'est impossible.

Parlez aux gens. Essayez vraiment de comprendre la façon dont ils pensent. Une erreur courante que les gens commettent lorsqu'ils essaient d'observer les types de personnalité est d'être trop rigide dans la communication. Soyez sincère dans ce que vous dites, plus c'est naturel, mieux c'est. Personne ne veut avoir une conversation dans laquelle il a l'impression d'être interrogé. Apprendre à connaître quelqu'un de façon authentique peut être une expérience très instructive. Cela vous permettra également de voir les choses d'un autre point de vue, ce qui est extrêmement important. Pouvoir coexister tout en ayant des points de vue différents est l'une des choses les plus difficiles à apprendre pour les gens.

En élargissant votre esprit pour réaliser que vous pouvez encore vous entendre avec ceux qui ont des opinions différentes, vous pouvez changer votre vie. Cela apporte la maturité mentale nécessaire pour avoir un sens sain de l'intelligence émotionnelle. Si vous vous êtes déjà demandé pourquoi votre partenaire est très offensé par quelque chose qui ne vous semble pas important, travailler sur cette compétence peut améliorer votre relation. Même ceux qui ont grandi dans le même environnement peuvent avoir des traits de comportement très différents. Il est injuste d'attendre de chacun qu'il vive la vie exactement de la même façon que vous. Soyez patient et attentif dans vos rapports avec les autres et vous serez probablement traité de la même manière en retour.

Appliquer les changements

Pensez à votre personnalité comme à un trait qui vous a été attribué à la naissance, un peu comme la couleur de vos yeux. Bien qu'il existe de nombreuses façons d'améliorer vos yeux avec du maquillage et des lentilles de contact, la vraie couleur reste en dessous. C'est de cette façon que vous pouvez changer votre personnalité. La base sera toujours là. En tant qu'enfant, nous n'avons aucun contrôle sur le développement de notre cerveau. Nous nous fions à ce qu'on nous apprend et à l'environnement dans lequel nous sommes placés. Si vous avez eu une enfance terrible, remplie de nombreux traumatismes, vous allez devoir travailler très dur pour apporter des changements. Ce n'est pas votre faute, mais c'est un élément à prendre en compte lorsque vous fixez vos objectifs de personnalité. On peut dire la même chose d'une personne qui a été élevée dans un foyer strict, mais aimant. Si vous essayez de vous débarrasser de ces constructions rigides à l'âge adulte, vous devrez travailler dur pour mettre un frein à ce que vous avez vécu dans votre enfance.

L'étude de ce qui se passe dans l'enfance et de son impact sur nous en tant qu'adultes fait partie des sujets psychologiques les plus importants. Les enfants ont l'esprit le plus impressionnable et sont très désireux d'apprendre de nouvelles choses. Ce que l'on nous a enseigné quand nous étions petits continuera probablement à être abordé aujourd'hui alors que nous naviguons dans le monde à l'âge adulte. Mais le changement est possible. Tant que vous pouvez garder vos facteurs préexistants à l'esprit, vous devriez être en mesure de vous fixer des objectifs en termes de limitation de votre propre comportement. Lorsqu'il s'agit de changer votre propre personnalité, cela peut être une étape très saine pour devenir une meilleure personne. N'oubliez pas que vous ne pouvez pas changer les autres. Il faut qu'ils aient envie de changer, et si c'est le cas, vous pouvez les aider en cours de route. Cependant, aucune personne n'a le pouvoir de vous changer à elle seule.

En vous efforçant de contrôler vos réactions, de modifier vos habitudes et de vous placer dans un environnement plus sain, vous pourrez modifier certains aspects de votre propre personnalité. Tant que vous êtes prêt à vous investir pour devenir une meilleure personne, vous vous efforcez d'atteindre un objectif sain. La combinaison de toutes les compétences que vous avez acquises concernant les types de personnalité et l'intelligence émotionnelle vous permettra de réduire le stress lié à vos relations avec les autres et avec vous-même. N'oubliez pas que les gens sont comme des puzzles. Mais tant que vous avez toutes les bonnes pièces, vous serez capable de comprendre.